KB275501

이것이 구속사 설교이다

출애굽기

이것이 구속사 설교이다

출애굽기

Copyright ⓒ 머릿돌 2021

초판 1쇄 발행 1996년 3월 25일
초판 2쇄 발행 2021년 4월 15일

지은이 유도순
펴낸이 유효성
펴낸곳 머릿돌

등록번호 제17-240호
등록일자 1997년 5월 20일
주소 경기도 성남시 분당구 성남대로 30, 동아그린프라자 501호
Mobile. 010-9472-8327
http://cafe.daum.net/gusoksa
E-mail yoodosun@hanmail.net / yoohs516@hanmail.net

총판 기독교출판유통
경기도 파주시 월동면 통일로 620번길 128
(031) 906-9191
디자인 참디자인

ISBN 978-89-87600-75-8 (03230)

이 책의 내용은 저작권법에 의해 보호를 받는 저작물이므로
출판사 또는 저자와의 협의 없이 무단 전재와 복제를 엄격히 금합니다.

책값은 뒤표지에 있습니다.
잘못된 책은 교환하여 드립니다.

 유도순 구속사

이것이 구속사 설교이다

유도순 지음

머릿돌

머리말

1. 설교 집을 펴내는 의도

본서는 성경 66권을 구속사라는 관점으로 강론하여 완간한 후에 두 번째로 펴내는 설교집이다. 이 구속사적 강론이 설교 현장에서는 어떻게 응용이 될 수 있는가? 다시 말하면 기존의 설교와는 내용면에서, 반응에서 적용에서 어떻게 다른가? 이 혼란한 시대에 말씀을 맡은 설교자들에게 조금이나마 도움을 드리기 위한 것이 설교 집을 펴내게 된 동기이다.

성경을 구속사의 관점으로 보았다는 것은 주님께서, "너희가 성경에서 영생을 얻는 줄 생각하고 성경을 연구하거니와 이 성경이 곧 내게 대하여 증언하는 것이니라"(요 5:39) 하신 성경을 기록한 목적대로, 다시 말하면 예수 그리스도 중심으로 보았다는 뜻이다.

2. 도표를 곁들인 의도

성경 본문을 통해서 말씀하시려는 핵심적인 주제를 부각시키기 위해서다. 이 핵심주제를 이탈하지 않게 하기 위해서 도표를 곁들이게 된 것이다. 나무에 줄기와 큰 가지, 작은 가지가 있듯이 성경 말씀에도 줄기 말씀과 가지 말씀이 있다.

그런데 오늘날의 설교는 본문을 통해서 말씀하시려는 중심주제에 설교의 초점이 맞춰져 있는 것이 아니라, 지엽적인 문장이나 한 단어에 근거하여 자기 계발 또는 회중의 감성에 호소하는 심리화의 경향이 있기 때문이다. 그것은 하나님의 말씀을 대언(代言)하는 것이 아니라 자기주장을 하는 것이 된다.

이런 설교를 바울 사도는 "누가 철학과 헛된 속임수로 너희를 사로잡을까 주의하라 이것은 사람의 전통과 세상의 초등학문을 따름이요 그리스도를 따름이 아니니라"(골 2:8)고 잘라 말한다.

3. 설교 작성노트를 제시한 의도

첫째는 설교자에게 본문을 들어서 증언하고자 하는 "내용목적"이 무엇인가를 분명히 해두기 위해서요, 둘째는 설교를 통한 "적용목적"을 염두에 두기 위해서이다. 설교자는 많은 말씀을 열심히 전하였는데 설교 후에 성도들에게 물어보면 무슨 말씀을 들었는지 대답을 하지 못하는 경우가 허다한 것이 사실이다. 이는 설교의 초점이 중심주제에 맞춰져 있지 않았기 때문이다.

본서는 출애굽기만을 다루었다. 시간이 허락 되는 한 계속하고 싶다. 본인은 신학자가 아니라 목회자요, 80을 훨씬 넘긴 달려갈 길을 마치려는 지점에 다다른 늙은 종이다. 마지막 소원이 무엇이겠는가? "옮겨지기 전에 하나님을 기쁘시게 하는 자라 하는 증거"(히 11:5)를 얻는 것이리라. 부족한 본서를 통해서 하나님을 기쁘시게 하고, 젊고 신실한 동역자들에게 도움을 드리게 되기만을 바랄뿐이다.

우리교회 원로목사 유도순

목차

분석도표의 유익한 점

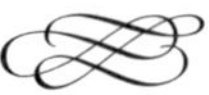

분석도표 작성법은 어빙젠센의 분석챠트 방법에 바탕을 두고 본인이 30년 가까이 목회현장에서 활용하면서 보완한 것이다. 분석도표의 유익한 점을 들면 아래와 같다.

1. 보다 예리한 관찰의 가치

성경을 관찰하는 자에게는 세 개의 눈이 있다고 말한다. 첫째가 "성령의 눈"이다. 성령님의 조명이 있어야만 "주의 말씀을 열면 빛이 비치어 우둔한 사람들을 깨닫게 하나이다"(시 119:130)가 가능한 것이다. 둘째는 "심령의 눈"이다. "내 눈을 열어서 주의 율법에서 놀라운 것을 보게 하소서"(시 119:18)하고 사모해야만 한다. 셋째는 "연필의 눈"이라고 확신을 가지고 말한다. 이 말은 성경을 눈으로만 보지 말고 본석도표를 작성해 보라는 말이다. 보이지 않던 것이 보이게 되리라. 자신도 놀라고 감탄해 할 것이다. 백문이 불여일견이다. 한 번 시도해 보라.

2. 한 눈에 전체를 볼 수 있는 가치

나무는 보고 숲은 보지 못한다는 말은 성경연구에서도 흔히 범하는 실수이다. 그러나 분석도표를 작성해 보라. 전체를 한 눈에 바라볼 수가 있다. 그러므로 결코 숲 속에서 길을 잃고 헤맬 염려가 없다. 원 줄기는 놓치고 지엽에 빠질 우려가 없다. 본문을 읽어놓고 엉뚱한 이야기를 하지 않게 해준다.

3. 각 부분을 통합하는 가치

분석도표를 작성하다 보면 보통 인쇄된 성경에서는 보이지 않던 공통점, 대조점, 비교, 점진 등이 한 눈에 들어온다.

이를 도표를 통해서 분석하고 배열해 놓으면 시각적인 효과가 있고 감탄할 만큼 통일성과 연결점을 보게 될 것이다.

4. 중심주제를 강조할 수 있는 가치

성경에는 줄기 말씀도 있고 가지 말씀도 있다.

분석도표를 작성할 때에 중심주제나 핵심적인 말씀 등을 둘레 씌우기, 네모로 묶기, 선으로 연결하기, 글씨체를 달리하기, 색칠하기 등

다양한 표시를 하면 성경의 강조점을 선명하게 부각시킬 수가 있다.

본서에서는 그 장의 전체주제에는 굵은 선으로 된 네모로 묶어 강조점을 드러내고, 단원의 주제에는 가는 선으로 된 네모로 묶어서 표시하였다.

5. 기억과 연상에 도움을 주는 가치

대부분의 성도들은 지난 주일 설교제목도 기억하지 못한다.

분석도표를 작성하여 설교요약 대신 주보에 싣든가 복사해서 나누어 주고 말씀을 전하면 연상 효과는 놀랍게 나타난다. 도표를 보기만 해도 설교말씀이 떠오르게 되고 기억이 되살아나게 될 것이다. 구역예배나 소그룹모임 때 이를 가지고 나누게 해 보라. 좋은 제자훈련이 될 것이다.

6. 전달 훈련의 가치

자신은 알고 깨달았으나 이를 구역원들이나 다른 사람들에게 조리 있게 전달한다는 것은 쉬운 일이 아니다.

우선 자신이 없고 자칫하면 횡설수설 왔다갔다하기 쉽다. 이때 분석도표가 그에게 있다면 안심하고 차근차근 전달할 수 있게 해주는 길잡이 역할을 해준다. 최우선적으로 실시해 보라고 강력히 추천하는 바이다.

출애굽기 40:30-38 분석도표

주제 : 출애굽기 한 번에 설교하기

<table>
<tr>
<td rowspan="6">성막을 완공함</td>
<td colspan="2">

30-33

30 그는 또 물두멍을 회막과 제단 사이에 두고 거기 씻을 물을 담으니라

31 모세와 아론과 그 아들들이 거기서 수족을 씻되

32 그들이 회막에 들어갈 때와 제단에 가까이 갈 때에 씻었으니

여호와께서 모세에게 명령하신 대로 되니라

33 그는 또 성막과 제단 주위 뜰에 포장을 치고 뜰 문에 휘장을 다니라

모세가 이같이 역사를 마치니

</td>
</tr>
</table>

<table>
<tr>
<td rowspan="6">영광이 충만함</td>
<td>

34-38

34 구름이 회막에 덮이고 여호와의 영광이 성막에 충만하매

35 모세가 회막에 들어갈 수 없었으니 이는 구름이 회막 위에 덮이고

여호와의 영광이 성막에 충만함이었으며

36 구름이 성막 위에서 떠오를 때에는 이스라엘 자손이 그 모든 행진하는 길에 앞으로 나아갔고

37 구름이 떠오르지 않을 때에는 떠오르는 날까지 나아가지 아니하였으며

38

이스라엘의 온 족속이 그 모든

낮에는 여호와의 구름이 성막 위에 있고
밤에는 불이 그 구름 가운데에 있음을
행진하는 길에서 그들의 눈으로 보았더라

</td>
</tr>
</table>

출애굽기 한 번에 설교하기

설교 작성노트

성경 66권은 한 편의 복음이다. 죄가 들어오자 하나님은 "내가…하리라"(창 3:15)고 원시복음을 선언하셨다. 이 "복음"이 마지막 책에 이르러 "이루었도다"(계 21:6)고 완성이 되는 것이다. 신약성경은 "하나님의 아들 예수 그리스도의 복음의 시작이라"(막 1:1)고 시작이 되어, "내가 진실로 속히 오리라" 하시니, "아멘 주 예수여 오시옵소서"(계 22:20)하고 마치고 있다. 이처럼 복음은 구약에서 언약하신 바가 주님의 초림으로 성취가 되고 시작이 되어, 재림으로 끝이 나고 완성이 되는 것이다. 만일 주님의 재림하심이 없다면 복음은 미완성에 그치게 되는 것이다.

그러므로 성경은 점들의 모임이 아니라 "선"(線), 즉 구속사인 것이다. 그런데 이를 끊어진 말씀으로 취급하다 보니 본의 아니게 하나님의 구원계획을 해체(解體)시키는 결과를 낳게 되고, 복음의 능력을 상실하고 만 것이다. 여러분의 휴대폰의 뚜껑을 열어 선 하나를 끊으면 어떻게 되겠는가? 놀라울 정도로 많든 기능들이 먹통이 되고 말 것이다.

이를 인식하는 자라면 66권의 책, 각권을 한 번에 설교하는 일에 도전해보기를 강력히 추천하는 바이다. 이렇게 1년을 하고 나면 성경을 보는 설교자 자신의 눈이 밝아지게 되고 성도들은 뼈대가 튼튼한 신앙인이 될 것이다. 이를 위해서 "신구약 파노라마"라는 책을 발간했는데 이를 참고로 한다면 도움이 될 것이다. "출애굽기 한 번에 설교하기"는 이에 대한 본보기라 할 것이다.

강론

출애굽기는 크게 두 부분으로 나누어집니다. 첫 부분(1-18장)은 애굽을 출발하여 시내 산까지의 여정이고, 둘째 부분(19-40장)은 시내 산 기슭에 약 1년 간 머무르면서 율법을 받고 성막을 완성하는 내용으로 되어있습니다.

출애굽기는 애굽으로 내려간 야곱의 자손들이 번성하는 것으로 시작이 됩니다. 이점에서 명심해야 할 점은 이들은 단순한 야곱의 자손이 아니라, "네 이름을 다시는 야곱이라 부를 것이 아니요 이스라엘이라 부를 것이니"(창 32:28) 하신 선민(選民) 이스라엘이요, 하나님의 백성들이라는 점입니다. 그들이 내려갈 때는 70명에 불과하였으나, "생육하고 불어나 번성하고 매우 강하여 온 땅에 가득하게 되었더라"(1:7)합니다.

애굽으로 내려간 70명이 장정만 60만 명으로 번성할 수 있었던 것은 하나님께서 야곱을 애굽으로 내려 보내시면서, "두려워하지 말라 내가 거기서 너로 큰 민족을 이루게 하리라"(창 46:3) 하신 약속의 성취이고 또한 그들이 바로의 압제를 받게 된 것도 의외의 일이 아니라 하나님께서 아브라함에게, "너는 반드시 알라 네 자손이 이방에서 객이 되어 그들을 섬기겠고 그들은 사백 년 동안 네 자손을 괴롭히리니, 내가 징벌할지며 그 후에 네 자손이 큰 재물을 이끌고 나오리라"(창 15:13-14)고 예시(豫示)되었던 것입니다.

"여러 해 후에 애굽 왕은 죽었고 이스라엘 자손은 고된 노동으로 말미암아 탄식하며 부르짖으니 그 고된 노동으로 말미암아 부르짖는 소리가 하나님께 상달된지라"(2:23) 합니다. 이것이 출애굽기의 문제(問題)입니다. 이런 처지에 있는 자들이 어떤 방도로 바로의 속박에서 구출될 수가 있는가? 출애굽기는 이에 대한 해답(解答)을 계시해주고 있습니다.

그런데 우리는 지금 옛날이야기를 하고 있는 것이 아니라는 점입니다. 하나님께서 야곱의 자손 70명을 애굽으로 내려 보내셔서 이러한 상황에 처하게 하심은 "출애굽"이라는 예표를 통해서 "죽기를 무서워 하므로 한평생 매여 종노릇 하는 모든 자들을 놓아 주시려는"(히 2:15) "영적 출애굽"을 계시하시려는 우리들의 문제에 대한 해답을 제시해 주고 있는 것이 출애굽기인 것입니다.

"하나님이 그들의 고통 소리를 들으시고 하나님이 아브라함과 이삭 과 야곱에게 세운 그의 언약을 기억하사"(2:23-24)라고 말씀합니다. 이 점에서 강조해야 할 점은 언제나 그러하듯이 하나님께서 구원하여주 신 것이 그들이 부르짖었기 때문이 아니라, 선수(先手)적인 하나님의 언약이 있었음을 증언해야만 합니다. 이점이 모세를 부르실 때에도, "나는 네 조상의 하나님이니 아브라함의 하나님, 이삭의 하나님, 야곱 의 하나님이라"(3:6) 하신 데서 드러납니다.

그러나 모세는, "내가 누구이기에 바로에게 가며 이스라엘 자손을 애굽에서 인도하여 내리이까" 라고 불가능성을 말합니다. 이는 모세 만 못하는 것이 아니라 그 누구도 할 수가 없는 것입니다. 하나님은 "내가 반드시 너와 함께 있으리라"(3:11, 12), 즉 이는 네가 하는 것이 아 니라 내가 하는 것이라는 뜻입니다. 이리하여 "모세의 하나님"이 되셨 습니다.

그러면 하나님은 그들을 어떤 방도로 구원하여 주셨는가? 무력으로 하셨는가? 아닙니다. 기사와 이적으로 하셨는가? 아닙니다. 하나님은, "너희를 속량하여 너희로 내 백성을 삼고"(6:6)라고 말씀하십니다. 이에 대한 중요한 요점이 6:5-8절에 나타나는데 그들의 신분(身分)을 세 가지로 부르고 있습니다.

ㄱ 본래 그들은, "이스라엘 자손"(6상), 즉 야곱의 자손이었습니다.
ㄴ 그런데 "애굽 사람이 종"(5상)으로 삼은 바로의 노예들이 된 것입니다.
ㄷ 바로의 종이 된 그들을 하나님은, "내 백성을 삼고"(7상) 하십니다. 그렇다면 바로의 노예가 하나님의 백성이 되는 것이 어떻게 해서 가능하여지는가?
ㄹ "너희를 속량하여"(6하)라 하십니다.

속량이란 종으로 팔린 자를 값을 주고 사서 해방시켜줌을 뜻하는데, 죄 값에 팔린 자가 하나님의 백성이 될 수 있는 방도는 신구약을 막론하고 속량 외에는 다른 방도가 없는 것입니다.

그렇다면 그들을 어떤 방도로 속량하여 하나님의 백성으로 삼으셨는가 하는 점입니다. 그 방도가 12장에 등장하는 "유월절 양의 피"입니다. 흠 없는 수양을 잡아 그 피를 문 좌우 설주와 인방에 바르고 아침까지 한 사람도 그 문 밖으로 나가지 말라고 하십니다. "내가 피를 볼 때에 너희를 넘어가리라"(12:13) 하십니다.

죽음의 천사가 대문에 뿌려진 피를 보고는, "이 집은 벌써 심판이 시행이 되었군" 하고 건너고 넘어가게 된다는 것입니다. 그러므로 명심해야 할 점은 이스라엘 집에서도 죽음은 있었다는 사실입니다. 이를 뿌려진 "피"가 말해주고 있습니다. 다만 죄가 없는 어린 양이 대신하여 죽었을 뿐입니다.

그러면 다른 재앙들은, "이스라엘 자손들이 있는 고센 땅에는 우박이 없었더라"(출 9:26) 했는데, "이스라엘 집에는 죽음이 없었더라" 하면 될 것이지, 어찌하여 어린 양이 대신 죽어 그 피를 대문에 뿌리라 하시는가?

장자를 치심은 죄에 대한 심판인데, "그러면 우리는 나으냐"(롬 3:9)라고 묻고 있습니다. 이스라엘도, 우리들도 애굽 사람과 다름이 없는 하나님 앞에서는 심판을 받아 마땅한 죄인들인 것입니다. 그러므로 피를 보심이 없이 이스라엘 집을 넘어간다는 것은 하나님의 공의(公義)가 용납할 수가 없었던 것입니다. 그러므로 구원의 방도는 "속량", 즉 구속 이외에 다른 방도가 없다는 점을 유념해야만 합니다.

이점에서 바로를 굴복시키기 위해서 열 가지 재앙을 등장시키신 하나님의 의도가 무엇인가 하는 점을 생각하게 합니다. 하나님의 능력이 약해서 열 가지 재앙이 필요했던 것이 아닙니다. 구원의 방도가 오직 유월절 어린 양의 피로 말미암아 라는 점을 클로즈업시키기 위해서였던 것입니다.

이점이 "내가 이제 한 가지 재앙을 바로와 애굽에 내린 후에야 그가 너희를 여기서 내보내리라"(11:1) 하신 말씀에 나타납니다. 바로의 노예로부터 해방될 수 있었던 것은 아홉 가지 재앙으로 가능해진 것이 아닙니다. 오직 유월절 어린 양의 피로 말미암아 가능하여졌다는 점을 드러내기 위해서 열 가지 재앙을 등장시키셨던 것입니다. 이처럼 초점이 유월절 어린 양의 피로 모아지고 있습니다.

이런 맥락에서 복음서들의 초점이 어디에 맞춰져 있는가를 확인해 보시기 바랍니다. 모두가 유월절(마 26:2, 막 14:1, 눅 22:1, 요 13:1) 곧 그리스도의 죽음에 맞춰져 있습니다. 영적 출애굽, 즉 우리의 구원은 "우리의 유월절 양 곧 그리스도께서 희생되셨느니라"(고전 5:7)한, 하나님의 어린 양의 대속으로 말미암아 가능해진 것입니다. 그런데 오늘날은 십자가 복음이 사라지고 있는 실정입니다.

이 예표가 주님께서, "내가 고난을 받기 전에 너희와 함께 이 유월절 먹기를 원하고 원하였노라"(눅 22:15)하신 말씀을 통해서 분명하게 들어납니다. 주님께서 잡히시던 이 밤이 1500년 동안이나 그림자로 지켜 내려오던 마지막 유월절이요, 유월절이라는 예표가 성찬(聖餐)이라는 참 것으로 개혁(改革)이 되는 밤이었던 것입니다.

이 구속교리가 율법을 수여하시는 20장에도 나타나는데 20장은 두 부분으로 되어 있습니다. 1-21절은 십계명을 말씀하는 내용이고, 22-26절은 단을 쌓고 번제를 드리라는 내용입니다. 1-21절의 율법만 주셨다면 어떻게 되는가? "이 율법의 말씀을 실행하지 아니하는 자는 저주를 받을 것이라 할 것이요"(신 27:26)한 "저주"를 받을 수밖에 없는 것입니다.

이를 아시기에 하나님께서는, "내게 토단을 쌓고 그 위에 네 양과 소로 네 번제와 화목제를 드리라, 네게 임하여 복을 주리라"(24)하신 것입니다. 저주를 받아 마땅한 자들에게 어떻게 "복을 주리라"하시는가? "번제와 화목제", 즉 "그리스도께서 우리를 위하여 저주를 받은바 되사 율법의 저주에서 우리를 속량하여"(갈 3:13)주셨기 때문에 가능하였던 것입니다.

또한 이 구속교리가, "그들 중에 거할 성소(聖所)를 지으라"(25:8)고 명하시는 데서 더욱 분명하게 계시되어 있습니다. 시내 산에 강림하시는 하나님은, "경계를 침범하지 말지니 산을 침범하는 자는 반드시 죽임을 당할 것이라"(19:12)고 경고하셨습니다. 그런데 "내가 그들 중에 거할 성소(聖所)를 지으라"하시다니!! "성막"은 말씀이 육신을 입고 강림하실 임마누엘에 대한 모형이었던 것입니다.

만일 십계명만을 주시고, 성막을 주시지 않으셨다면 구약의 성도들은 한 사람도 구원을 얻지 못했을 것입니다. 왜냐하면 율법으로는 죄를 깨달음이라 한 문제만 있고, 이에 대한 해답인 "성막, 번제단, 물두멍, 속죄소" 등이 없기 때문입니다. 성막은 "죄"라는 문제(問題)에 대한 해답(解答)으로 주어진 것입니다. 그러므로 성막 식양(式樣)은 의문(儀文)에 가려 있는 복음이었던 것입니다.

성막이 완성이 되자, "구름이 회막에 덮이고 여호와의 영광이 성막에 충만하였다"(40:34)고 말씀합니다. 출애굽기는 고역으로 인하여 탄식하며 부르짖는 것으로 시작하여, 하나님의 영광이 성막에 충만한 것으로 끝나고 있습니다. 얼마나 충만했으면, "모세가 회막에 들어갈 수 없었다"고 말씀하겠는가?

성막에 충만한 영광은 1차적으로, "말씀이 육신이 되어 우리 가운데 거하시매 우리가 그의 영광을 보니 아버지의 독생자의 영광이요 은혜와 진리가 충만하더라"(요 1:14)로 성취가 된 것입니다. 그런데 하나님의 구원계획은 여기서 그치는 것이 아니라 그리스도의 구속으로 말미암아, "너희가 하나님의 성전인 것과 하나님의 성령이 너희 안에 계시는 것을 알지 못하느냐"(고전 3:16)한 교회로 적용이 된 것입니다.

이점에서 명심해야 할 점이 있는데, "여호와께서 모세에게 명령하신 대로 되니라"한 말씀입니다. "명하신 대로"라는 말이 39장에 10번, 40장에 8번이나 강조되어 있다는 점은 그 중요성을 말해줍니다.

신약교회에 명하신 바가 성경으로 주어진 것입니다. 교회를 명하신 대로, 즉 성경대로 섬기기만 한다면 하나님의 영광이 충만한 영광스런 교회(엡 5:27)가 될 것이라는 확신입니다. 그러면 현대교회는 과연 하나님의 명하신 대로 하고 있는가 하고 묻게 됩니다.

마지막으로 유념해야 할 것은 구원계획의 목적(目的)이 무엇인가 하는 점입니다. 하나님은 우리를 구원만 해주시고 끝이신 것이 아닙니다. 다시 말하면 우리는 지옥 형벌만을 면한 것이 아닙니다. 하나님은 구속하셔서 자기 백성(百姓)으로 삼으셨습니다. 왜 그렇게 하셨는가? 인류의 시조가 범죄 함으로 에덴에서 추방당한 사건은 하나님께서 자기 백성을 잃어버린 사건이었기 때문입니다.

그러므로 하나님의 구원계획의 목적은 잃어버린 "하나님의 백성"을 찾으셔서, "그들은 내가 그들의 하나님 여호와로서 그들 중에 거하려고 그들을 애굽 땅에서 인도하여 낸 줄을 알리라"(출 29:46)한 함께 거하는데 있는 것입니다. 이 예표가, "보라 하나님의 장막이 사람들과 함께 있으매, 이루었도다 나는 알파와 오메가요 처음과 나중이라"(계 21:3, 6)에서 완성이 될 모형인 것입니다. 하나님과 백성들이 함께 거하는 것, 이것이 하나님의 나라건설입니다.

40년 동안 매일 같이 만나를 내려주시고, 생수를 마시게 하심도 그들이 하나님의 백성들이었기 때문입니다. "여호와 닛시" 곧 대적을 물리

쳐주심도 그들이 하나님의 백성들이었기에 보호하여주신 것입니다.

또한 십계명을 주심도 하나님의 백성답게 살아가게 하기 위해서였습니다. 가나안을 향하여 구름 기둥 불기둥으로 앞에서 인도하여주심도 그들이 하나님의 백성들이었기 때문입니다.

출애굽기에서 그리스도는

㉠ 유월절 양으로

㉡ 중보자인 제사장으로

㉢ 생명의 양식인 만나로

㉣ 생수를 솟아내는 반석으로

㉤ 인간의 장막을 입고 임마누엘 하실 성막으로 계시되어 있습니다.

출애굽기는 "죽기를 무서워하므로 한평생 매어 종노릇" 하던 나 자신이 어떻게 해서 구원을 얻어 하나님의 백성이 되었는가 하는 우리들의 이야기요, 바로 복음인 것입니다.

하나님 아버지 주신 책은 귀하고 중하신 말씀일세

기쁘고 반가운 말씀 중에 날 사랑한단 말 참 좋도다

주께서 나를 사랑하니 즐겁고도 즐겁도다

주께서 나를 사랑하니 나는 참 기쁘다. (202장)

출애굽기 1:1-22 분석도표

주제 : 생육하고 번성하게 하신 하나님

<table>
<tr><td rowspan="9">생육하고 번성하라</td><td colspan="2">1-7</td></tr>
<tr><td colspan="2">1 야곱과 함께 각각 자기 가족을 데리고 애굽에 이른 이스라엘 아들들의 이름은 이러하니</td></tr>
<tr><td colspan="2">2 르우벤과 시므온과 레위와 유다와</td></tr>
<tr><td colspan="2">3 잇사갈과 스불론과 베냐민과</td></tr>
<tr><td colspan="2">4 단과 납달리와 갓과 아셀이요</td></tr>
<tr><td>5 야곱의 허리에서 나온 사람이</td><td>모두 칠십이요 요셉은 애굽에 있었더라</td></tr>
<tr><td colspan="2">6 요셉과 그의 모든 형제와 그 시대의 사람은 다 죽었고</td></tr>
<tr><td colspan="2">7   이스라엘 자손은 생육하고 불어나 번성하고 매우 강하여 온 땅에 가득하게 되었더라</td></tr>
</table>

<table>
<tr><td rowspan="16">아들은 강에 던지라</td><td colspan="2">8-22</td></tr>
<tr><td colspan="2">8 요셉을 알지 못하는 새 왕이 일어나 애굽을 다스리더니</td></tr>
<tr><td colspan="2">9 그가 그 백성에게 이르되 이 백성 이스라엘 자손이 우리보다 많고 강하도다</td></tr>
<tr><td colspan="2">10 자, 우리가 그들에게 대하여 지혜롭게 하자 두렵건대 그들이 더 많게 되면 전쟁이 일어날 때에   우리 대적과 합하여 우리와 싸우고 이 땅에서 나갈까 하노라 하고</td></tr>
<tr><td>11 감독들을 그들 위에 세우고</td><td>그들에게 무거운 짐을 지워 괴롭게 하여 그들에게 바로를 위하여 국고성 비돔과 라암셋을 건축하게 하니라
그러나 학대를 받을수록 더욱 번성하여 퍼져나가니</td></tr>
<tr><td colspan="2">12   애굽 사람이 이스라엘 자손으로 말미암아 근심하여</td></tr>
<tr><td colspan="2">13 이스라엘 자손에게 일을 엄하게 시켜</td></tr>
<tr><td colspan="2">14 어려운 노동으로 그들의 생활을 괴롭게 하니 곧 흙 이기기와 벽돌 굽기와 농사의 여러 가지 일이라   그 시키는 일이 모두 엄하였더라</td></tr>
<tr><td colspan="2">15 애굽 왕이 히브리 산파 십브라라 하는 사람과 부아라 하는 사람에게 말하여</td></tr>
<tr><td colspan="2">16 이르되 너희는 히브리 여인을 위하여 해산을 도울 때에 그 자리를 살펴서 아들이거든 그를 죽이고 딸이거든 살려두라</td></tr>
<tr><td colspan="2">17 그러나 산파들이 하나님을 두려워하여 애굽 왕의 명령을 어기고 남자 아기들을 살린지라</td></tr>
<tr><td colspan="2">18 애굽 왕이 산파를 불러 그들에게 이르되 너희가 어찌하여 이같이 남자 아기들을 살렸느냐</td></tr>
<tr><td colspan="2">19 산파가 바로에게 대답하되 히브리 여인은 애굽 여인과 같지 아니하고 건장하여 산파가 그들에게 이르기 전에 해산하였더이다 하매</td></tr>
<tr><td colspan="2">20 하나님이 그 산파들에게 은혜를 베푸시니 그 백성은 번성하고 매우 강해지니라</td></tr>
<tr><td colspan="2">21 그 산파들은 하나님을 경외하였으므로 하나님이 그들의 집안을 흥왕하게 하신지라</td></tr>
<tr><td colspan="2">22   그러므로 바로가 그의 모든 백성에게 명령하여 이르되
아들이 태어나거든 너희는 그를 나일 강에 던지고 딸이거든 살려두라 하였더라</td></tr>
</table>

생육하고 번성하게 하신 하나님

설교 작성노트

하나님은 야곱에게, "애굽으로 내려가기를 두려워하지 말라 내가 거기서 너로 큰 민족을 이루게 하리라"(창 46:3)고 약속하시고 애굽으로 내려 보내셨다. 그런데 바로는 하나님의 백성들에게, "무거운 짐을 지워 괴롭게 하여 그들에게 바로를 위하여 국고성 비돔과 라암셋을 건축하게"(1:11)했다. 뿐만 아니라 그들의 번성하는 것을 억제하기 위해서, "아들이 태어나거든 너희는 그를 나일 강에 던지라"(1:22)고 명한다.

그러면 첫째로, 하나님께서 야곱의 자손 70명을 애굽으로 내려 보내서서 학대를 받을수록 번성하게 하시어 한 민족이 되게 하신 의도가 무엇인가? 둘째로 그런데 이들을 바로의 노예로 전락하게 하신 의도는 무엇인가? 이를 증언하려는 것이 내용목적이다.

그런데 소수의 70명은 "학대를 받을수록 더욱 번성하였다"(12)고 말씀한다. 이는 마치 다락방에 모였던 120명이 학대를 받을수록 번성한 것과 대칭을 이루고 있다. 여기에 적용목적이 있다 하겠다.

강론

출애굽기는 야곱이 거느리고 애굽으로 내려간 열 한명의 아들들의 이름(1-4)으로 시작이 됩니다. 그리고 야곱의 가족이 "모두 칠십이요 요셉은 애굽에 있었더라"(5)합니다. 우리는 창세기를 통해서 야곱의 열두 아들들이 어떤 경로로 태어나게 되었는가를 알고 있습니다. 그것은 결코 자랑할 만한 가문은 못되었던 것입니다. 그런데 출애굽기가 이들을 언급하므로 시작하고 있는 의도가 무엇일까요?

㉠ "하나님께서 세상의 약한 것들을 택하사 강한 것들을 부끄럽게 하려 하시며",

㉡ "세상의 천한 것들과 멸시 받는 것들과 없는 것들을 택하사 있는 것들을 폐하려 하심"(고전 1:27-28)을 보여주고 있습니다. 그러므로 우리 중에 자랑할 자는 아무도 없는 것입니다.

㉢ 궁극적으로는 야곱의 미천한 열 두 아들을 이스라엘의 열 두 족장으로 삼으셔서 이루어 나가시려는 구속의 역사를 계시하시기 위해

서인 것입니다.

홍수심판 후에 남은 자들이 바벨탑을 쌓으면서 "탑 꼭대기를 하늘에 닿게 하여 우리 이름을 내고 온 지면에 흩어짐을 면하자"(창 11:4)고 대항하자 하나님은 아브라함 한 사람을 택하셔서, "내가 너로 큰 민족을 이루고 네게 복을 주어 네 이름을 창대하게 하리니 너는 복이 될지라"(창 12:2)고 언약을 세워주셨습니다.

하나님은 야곱을 애굽으로 내려 보내면서도 "두려워하지 말라 내가 거기서 너로 큰 민족을 이루게 하리라"(창 46:3)고 말씀하셨습니다. 이런 맥락에서, "아브라함·이삭·야곱"으로 이어져 내려온 한 가문이 4대(창 15:16) 만에 "생육하고 불어나 번성하고 매우 강하여 온 땅에 가득하게 되었더라"(7)고, 한 민족(民族)으로 번성하게 된 것은 하나님의 섭리와 계획 중에 이루어진 일이었습니다. 하나님은 약속을 지켜주신 것입니다.

그러면 하나님께서 한 가문에서 한 민족이 되게 하여 선민(選民)으로 택하신 목적이 무엇인가 하는 점입니다. 크게 두 가지를 들 수가 있는데 ㉠ 첫째는 여자의 후손 곧 그리스도를 선민 이스라엘을 통해서 보내시려는 것입니다. 이 계획이 "이는 구원이 유대인에게서 남이니라"(요 4:22)고 성취되었던 것입니다.

㉡ 둘째는 "그런즉 유대인의 나음이 무엇이며 할례의 유익이 무엇

이냐 범사에 많으니 우선은 그들이 하나님의 말씀을 맡았음이니라"(롬 3:1-2), 즉 성경을 기록케 하고 보존하여 후대에 전해주게 하기 위해서였습니다. 이점을 주님은 "너희가 성경에서 영생을 얻는 줄 생각하고 성경을 연구하거니와 이 성경이 곧 내게 대하여 증언하는 것이니라"(요 5:39)고 말씀하십니다.

지금 우리가 상고하고 있는 출애굽기는 모세가 기록한 것인데 주님은 "모세를 믿었더라면 또 나를 믿었으리니 이는 그가 내게 대하여 기록하였음이라"(요 5:46)고 말씀하십니다. 이처럼 하나님께서 이스라엘을 선민으로 택하셔서 구약성경을 기록하게 하시어 우리에게 전해주게 하지 않으셨다면, "예수가 그리스도시라"는 점을 입증할 근거가 없었을 것입니다. 이 막중한 사명은 한 "가문"만으로는 감당할 수 없는 사명이었기에 "민족"으로 번성하게 하셨던 것입니다.

이런 맥락에서 1장의 강조점은 "생육하고 불어나 번성하고 매우 강하여 온 땅에 가득하게 되었더라"(7)한 "번성"에 있습니다. 그런데 바로는 번성하는 것을 두려워한 나머지 산파에게 "아들이거든 죽이라"(16) 명하고 이에 실패하자, "아들이거든 그를 나일강에 던지라"(22)고 발악적으로 저지하려 했던 것입니다. 그렇다면 바로는 누구를 대적하고 있는 것이 됩니까? 이처럼 죽이고 멸망시키려는 것이 사탄의 본성이요, 성경역사인 것입니다. 사탄의 파괴공작은 계시록에 가서 멸망

당할 때까지 이제도 계속되고 있는 것입니다. "그러나 학대를 받을수록 더욱 번성하여 퍼져나갔다"고 말씀합니다.

"생육하고 번성"이라는 주제를 구속사라는 맥락으로 더듬어 보면 의미가 깊은 것입니다. ㉠ 하나님은 인류의 시조에게 "생육하고 번성하여 땅에 충만하라"(창 1:28)하셨습니다. 그러나 그들은 번성하였으나 죄악으로 가득하게 함으로 홍수심판을 자초했습니다. ㉡ "방주에서 물로 말미암아 구원을 얻은 자가 몇 명뿐이니 겨우 여덟 명이라"(벧전 3:20) 합니다. 하나님은 또다시 그들에게, "생육하고 번성하여 땅에 충만하라"(창 9:1)고 명하셨으나 그 후에 바벨탑을 쌓는 것으로 대항을 했습니다.

㉢ 그러나 하나님은 "생육하고 번성"하게 하시려는 계획을 포기하지 않으시고 아브라함을 택하셔서, "네 씨가 크게 번성하여 하늘의 별과 같고 바닷가의 모래와 같게 하리니"(창 22:17)하셨습니다. 이 약속이 1차적으로 한 가문에서 한 민족으로 번성함으로 성취가 되었으나 궁극적으로는 ㉣ "내가 진실로 진실로 너희에게 이르노니 한 알의 밀이 땅에 떨어져 죽지 아니하면 한 알 그대로 있고 죽으면 많은 열매를 맺느니라"(요 12:24)에서 성취될 메시아언약과 결부가 되는 주제라는 점을 인식해야만 합니다.

주님은 구약의 열 두 족장과의 일관성을 위해서 따르는 제자들 중에서 열 두명을 택하셔서 사도로 삼으셨습니다. 이들은 "어부·세리"와 같은 자랑할 것이라고는 아무 것도 없는 미천한 자들이었습니다. 또한 오순절에 다락방에 모인 자들은 120명에 불과했습니다.

그런데 이들을 통해서 다니엘서에서 예언한 "금신상은 여름 타작마당의 겨 같이 되어 바람에 불려 간 곳이 없었고 우상을 친 돌은 태산(泰山)을 이루어 온 세계에 가득하였나이다"(단 2:35)한 대로 미천한 자들을 들어 시작하게 하신 복음이 세상에 가득하도록 번성하게 하셨던 것입니다.

신약성경은 우리를 향하여 "형제들아 너희를 부르심을 보라 육체를 따라 지혜로운 자가 많지 아니하며 능한 자가 많지 아니하며 문벌 좋은 자가 많지 아니하도다"(고전 1:26), 즉 야곱의 열두 아들들, 주님의 열두 사도들과 같은 자들이라고 말씀합니다. 그런 우리들을 택하셔서 "하나님의 자녀로, 그리스도의 제자들"로 삼아주셨습니다. 그러면 제자들에게 기대하시는 바가 무엇이겠습니까? 첫째는 "내 증인이 되리라"하신 복음진리의 "말씀"을 맡은 자들입니다. 이를 보수하고 전파할 책임이 있는 것입니다.

둘째는 "생육하고 번성하는" 일입니다. 이점을 사도 베드로는 "너희는 택하신 족속이요 왕 같은 제사장들이요 거룩한 나라요 그의 소유가 된 백성이니 이는 너희를 어두운 데서 불러내어 그의 기이한 빛에 들어가게 하신 이의 아름다운 덕을 선포하게 하려 하심이라"(벧전 2:9)고 말씀합니다.

구약교회와 신약교회의 역사는 "그러나 학대를 받을수록 더욱 번성하여 퍼져나간"(12) 역사입니다. 이처럼 하나님께서 이루어 나가시는 구속의 역사는 한마디로 "모든 것을 합력하여 선을 이루시는"(롬 8:28) 역사라고 말할 수가 있습니다.

사도 바울이 "모든 것"이라 한 "모든"은 좋은 것보다는 나쁜 것들을 염두에 두었을 것이 분명합니다. 왜냐하면 좋은 것을 가지고 선을 이루는 것은 쉬운 일이지만, 대적하는 사탄의 나쁜 것들을 합력하여 선을 이룬다는 것은 하나님만이 하실 수 있기 때문입니다.

애굽으로 내려간 선민 이스라엘은 약속의 땅 가나안에 입성하기까지 참으로 많은 고난과 난관에 봉착했습니다. 그러나 하나님은 이를 중단하시거나 미완성에 끝인 것이 아니라 합력하여 선을 이루셨던 것입니다.

사랑하는 형제들이여, 지금 성도들에게도 여러 가지 문제와 고난을 안고 있을 것입니다. 그러나 "모든 것을 합력하여 선을 이루시는" 하나님께서는 "그러나 학대를 받을수록 더욱 번성"케 하시어 완성하실 것입니다. 이것이 "생육하고 번성하게 하신 하나님"입니다.

> 너 시험을 당해 죄 짓지 말고 너 용기를 다해 곧 물리쳐라
>
> 너 시험을 이겨 새 힘을 얻고 주 예수를 믿어 늘 승리하라
>
> 우리 구주의 힘과 그의 위로를 빌라
>
> 주님 네 편에 서서 항상 도우시리. (342장)

출애굽기 2:1-15 분석도표

주제 : 누구를 위하여 적을 먹일 것인가

<table>
<tr>
<td rowspan="1">레위인 부부</td>
<td>

1-4

1 레위 가족 중 한 사람이 가서 레위 여자에게 장가 들어

2 그 여자가 임신하여 아들을 낳으니 그가 잘 생긴 것을 보고 석 달 동안 그를 숨겼으나

3 더 숨길 수 없게 되매 그를 위하여 갈대 상자를 가져다가 역청과 나무 진을 칠하고
아기를 거기 담아 나일 강 가 갈대 사이에 두고

4 그의 누이가 어떻게 되는지를 알려고 멀리 섰더니

</td>
</tr>
<tr>
<td>나를 위하여 젖을 먹이라</td>
<td>

5-10

5 바로의 딸이 목욕하러 나일 강으로 내려오고 시녀들은 나일 강 가를 거닐 때에
 그가 갈대 사이의 상자를 보고 시녀를 보내어 가져다가

6 열고 그 아기를 보니 아기가 우는지라 그가 그를 불쌍히 여겨 이르되 이는 히브리
사람의 아기로다

7 그의 누이가 바로의 딸에게 이르되 **내가 가서 당신을 위하여 히브리 여인 중에서**
유모를 불러다가 이 아기에게 젖을 먹이게 하리이까

8 바로의 딸이 그에게 이르되 가라 하매 **그 소녀가 가서 그 아기의 어머니를 불러오니**

9 바로의 딸이 그에게 이르되

이 아기를 데려다가 나를 위하여 젖을 먹이라

내가 그 삯을 주리라

여인이 아기를 데려다가 젖을 먹이더니

10 그 아기가 자라매 바로의 딸에게로 데려가니 그가 그의 아들이 되니라
그가 그의 이름을 모세라 하여 이르되 이는 내가 그를 물에서 건져내었음이라 하였더라

</td>
</tr>
<tr>
<td>애굽 사람을 쳐죽이다</td>
<td>

11-15

11 모세가 장성한 후에 한번은 자기 형제들에게 나가서 그들이 고되게 노동하는 것을 보더니
어떤 애굽 사람이 한 히브리 사람 곧 자기 형제를 치는 것을 본지라

12 좌우를 살펴 사람이 없음을 보고 **그 애굽 사람을 쳐죽여 모래 속에 감추니라**

13 이튿날 다시 나가니 **두 히브리 사람이 서로 싸우는지라** 그 잘못한 사람에게 이르되
네가 어찌하여 동포를 치느냐 하매

14 그가 이르되 **누가 너를 우리를 다스리는 자와 재판관으로 삼았느냐**
네가 애굽 사람을 죽인 것처럼 나도 죽이려느냐
모세가 두려워하여 이르되 일이 탄로되었도다

15 바로가 이 일을 듣고 모세를 죽이고자 하여 찾는지라
모세가 바로의 낯을 피하여 미디안 땅에 머물며 하루는 우물곁에 앉았더라

</td>
</tr>
</table>

누구를 위하여 젖을 먹일 것인가

설교 작성노트

하나님의 뜻을 이루기 위해서 애굽으로 내려 보내신 야곱의 자손 곧 하나님의 백성을, "바로를 위하여 국고성 비돔과 라암셋을 건축하게"(1:11)했다. 바로의 딸은 나일강에 버려진 모세를 구출한 후 유모가 된 그의 생모에게, "나를 위하여 젖을 먹이라"(출 2:9)고 말한다. 그러면 요게벳은 과연 누구를 위하여 젖을 먹였는가를 증언하려는 것이 내용 목적이다. 이런 맥락에서 "위하여"를 주목하고자 하는 이유는, 나는 누구를 위하여 먹고 마시는가? 나의 건강과 시간과 물질은 누구를 위한 것인가? 궁극적으로 나의 인생의 목적은 무엇인가 하는 점을 각성하기 위해서다. 여기에 적용목적이 있다 하겠다.

강론

바로의 딸은 나일강에 버려진 모세를 구출한 후 유모가 된 그의 생
모에게, "나를 위하여 젖을 먹이라"(출 2:9)고 말합니다. "나를 위하여"
라 한 "위하여"를 주목하시기를 바랍니다. 왜냐하면 여기에, "나는 무
엇을 위하여 먹고 마시는가? 나의 시간·건강·물질은 누구를 위한 것인
가? 내가 사는 목적은 무엇인가?" 하는 인생의 본질적인 문제요, 나아
가 나 자신은 누구의 소유이며, 누구의 종인가 하는 신앙고백과 결부
가 되기 때문입니다.

먼저 생각할 점은 야곱의 자손 이스라엘이 애굽으로 내려가게 된
동기와 고난을 당하게 된 원인이 무엇인가 하는 점을 생각해 보아야만
합니다. 이는 우연한 일이 아니라 이미 창세기 15장에서 "너는 반드시
알라 네 자손이 이방에서 객이 되어 그들을 섬기겠고 그들은 사백 년
동안 네 자손을 괴롭히리니"(창 15:13) 하신 하나님의 계획 속에 되어진
일이라는 점입니다.

하나님께서는 출애굽이라는 예표를 통해서 "영적 출애굽"이라는 복
음을 이해하기 쉽도록 실물교육을 시키듯 하시려는 것입니다. 이스라
엘이 당하는 고난은 이 역할을 감당하기 위한 고난이었던 것입니다.
이처럼 택함을 받았다는 사명에는 고난이 수반한다는 점을 유념해야
만 합니다.

이런 배경 하에서 "어떤 레위인이 레위 여자에게 장가들어" 아들을 낳게 되었는데 석 달 동안은 숨겼으나 더 숨길 수 없게 되자 아기를 갈대 상자에 담아 나일 강에 두게 됩니다. 이점을 신약성경에서는 "믿음으로 모세가 났을 때에 그 부모가 아름다운 아이임을 보고 석 달 동안 숨겨 왕의 명령을 무서워하지 아니하였으며"(히 11:23)라고 "믿음"이었다고 말씀합니다. "모세"는 모르는 사람이 없으나 그를 양육한 "요게벳"이라는 믿음의 어머니가 있었다는 점을 기억하는 분은 많지가 않습니다.

그렇다면, "갈대 상자를 가져다가 역청과 나무진을 칠하고 아기를 거기 담아 나일 강가 갈대 사이에 두고 그의 누이가 어떻게 되는지를 알려고 멀리 섰더니"(3-4)한 것도 "믿음으로"행한 것이라고 말할 수가 있는 것입니다. 이런 뜻입니다. "하나님, 저희들이 할 수 있는 최선을 다했습니다. 더는 감당할 길이 없나이다. 이제 하나님의 섭리에 맡기고 기다리겠나이다"라는 의미가 있다는 말씀입니다.

아니나 다를까 바로의 딸이 목욕하러 나일 강으로 내려왔다가 갈대 사이의 상자를 발견하게 됩니다. "열고 그 아기를 보니 아기가 우는지라"(6), 하나님의 섭리를 지켜보던 누이는 이때를 놓치지 않고 달려가서, "내가 가서 당신을 위하여 히브리 여인 중에서 유모를 불러다가 이 아기에게 젖을 먹이게 하리이까”(7)라고 말했던 것입니다.

바로의 딸은 유모가 된 모세의 생모 요게벳에게, “이 아기를 데려다가 나를 위하여 젖을 먹이라 내가 그 삯을 주리라”(9)고 말합니다. 두 마디로 되어 있는데 깊이 생각해야 할 문제입니다.

　ㄱ “이 아기를 데려다가 나를 위하여 젖을 먹이라”
　ㄴ “내가 그 삯을 주리라”

“믿음으로 모세가 났을 때에 석 달 동안 숨겨 왕의 명령을 무서워하지 아니하였다”는 레위인 어머니는 “누구를 위하여, 누가 주는 삯을 위하여” 젖을 먹일 것인가? 우리는 옛날이야기를 하고 있는 것이 아니라 바로 우리 자신에게 하는 질문으로 받아야 하는 것입니다.

“여인이 아기를 데려다가 젖을 먹이더니 그 아기가 자라매 바로의 딸에게로 데려가니라”(9-10)합니다. 모세의 생모 요게벳은 아기 모세를 몇 살까지 젖을 먹였을 것인가? 학자들은 길게 잡아도 다섯 살을 넘지는 않았을 것이라는 점에 공감합니다. 그리하여 공주의 “아들이 되니라 그가 그의 이름을 모세라 하여 이르되 이는 내가 그를 물에서 건져내었음이라 하였더라”(10) 합니다.

바로가 “아들이 태어나거든 나일 강에 던지라”한 것은 극악한 일입니다. 그런데 하나님께서는 이 악을 선으로 바꾸시어 장차 애굽 천지를 뒤흔들 모세를 애굽 궁궐에 침투시키셨던 것입니다.

"모세가 장성한 후에"(11)하는데 몇 살 때인가? 이점을 스데반 집사는, "모세가 애굽 사람의 모든 지혜를 배워 그의 말과 하는 일들이 능하더라 나이가 사십"(행 7:22-23)이 되었을 때라고 진술합니다. 그렇다면 모세의 어머니는 모세를 영아시기 5년 동안 양육을 했고, 바로의 딸은 모세를 데려다가 35년 동안 애굽의 학술과 사상으로 의식화 교육을 시킨 셈입니다.

하나님의 말씀은 여기서 그치는 것이 아니라, "한번은 자기 형제들에게 나가서 그들이 고되게 노동하는 것을 보더니 어떤 애굽 사람이 한 히브리 사람 곧 자기 형제를 치는 것을 본지라"(11)고 더 나아가고 있습니다. 왜냐하면 요게벳은 누구를 위하여 젖을 먹였는가 하는 점을 시험(테스트) 볼 날이 왔기 때문입니다. 이 상황을 영상으로 그려 보시기 바랍니다. 모세는 애굽 사람과 히브리 사람 중간에 서 있는데 어느 편을 들 것인가?

이 구도(構圖)가 창세기 3장의 상황이었습니다. 하나님은 "먹는 날에는 반드시 죽으리라" 하시고, 사탄은 "결코 죽지 아니하리라"(창 3:4) 하는 중간에 아담은 서 있었던 것입니다. 이것이 욥기의 구도이기도 한데 욥은 하나님과 사탄의 중간에서 시험을 당하고 있었으며, 또한 다니엘 3장의 구도이기도 한데 세 친구는 "부귀영화냐, 불가마냐" 하는 중간에 서서 시험을 치렀던 것입니다.

성경은, "시험을 참는 자는 복이 있도다 이것에 옳다 인정하심을 받은 후에 주께서 자기를 사랑하는 자들에게 약속하신 생명의 면류관을 얻을 것임이니라"(약 1:12, 개역)하십니다.

모세는, "좌우를 살펴 사람이 없음을 보고 그 애굽 사람을 쳐 죽여 모래 속에 감추니라"(12) 합니다. 이점을 신약성경에서는 "믿음으로 모세는 장성하여 바로의 공주의 아들이라 칭함 받기를 거절하고 도리어 하나님의 백성과 함께 고난 받기를 잠시 죄악의 낙을 누리는 것보다 더 좋아하고"(히 11:24-25) 라고 해설해주고 있습니다. 모세가 애굽 사람을 쳐 죽이는 순간 모세는

㉠ "바로의 공주의 아들이라 칭함 받기를 거절하고" 즉 명예와 부귀와 출세를 던져버린 것이라 합니다.

㉡ "도리어 하나님의 백성과 함께 고난 받기를 잠시 죄악의 낙을 누리는 것보다 더 좋아하고"라고 말씀합니다. 이럴 경우 형제가 모세의 입장이었다면 어떻게 했겠습니까?

㉢ 더욱 우리를 놀라게 하는 것은 성경은 "그리스도를 위하여 받는 수모를 애굽의 모든 보화보다 더 큰 재물로 여겼다"(히 11:26)고 말씀한다는 점입니다. 모세가 받은 고난이 어떻게 해서 그리스도를 위하여 받는 고난이 된단 말인가?

이는 구속사라는 맥락으로 볼 때만이 이해할 수 있는 말씀인 것입니다. 왜냐하면 신구약을 막론하고 하나님과 사람 사이의 중보자는 한 분이요, 죄 값에 팔린 아담의 후예를 구속하기 위하여 대신 죽어주신 분은 오직 예수 그리스도 한 분뿐이기 때문입니다. 구약의 성도들은 다른 방도로 구원을 얻은 것이 아니라 오직 예수 그리스도의 구속으로 말미암아 구원을 얻는 것이 가능하기 때문입니다. 그래서 "그리스도를 위하여 받는 수모"라는 논리가 성립이 되는 것입니다. 이 시험을 통해서 요게벳은 누구를 위하여 젖을 먹였는가 하는 점이 입증이 된 것입니다. "하나님의 백성을 위하여, 그리스도를 위하여" 젖을 먹인 것이 됩니다.

㉠ "믿음으로 모세는"한 모세의 믿음은 누가 심어준 믿음일까요? 이 점에서 "레위 가족 중 한 사람이 가서 레위 여자에게 장가들었다"(출 2:1)는 점을 상기하게 됩니다. 오늘의 레위인은, "너희는 택하신 족속이요 왕 같은 제사장들이요 거룩한 나라요 그의 소유가 된 백성이니"(벧전 2:9) 한 형제임을 명심하시기 바랍니다. 한국교회의 장래는 오늘의 레위인 어머니들이, "누구를 위하여 젖을 먹이는가"에 달려 있다 할 것입니다.

㉡ 바로의 딸은, "내가 그 삯을 주리라"(출 2:9)고 말하였으나 모세는, "그리스도를 위하여 받는 수모를 애굽의 모든 보화보다 더 큰 재물로

여겼으니 이는 상 주심을 바라봄이라"(히 11:26), 즉 하나님께 받기를 원했다고 말씀합니다.

이런 맥락에서 주목해야 할 점은 "위하여"라는 말인데 이점을 절실하도록 하기 위해서 성경 예화를 들어 설명해보겠습니다. 주님께서 예루살렘에 입성하실 때에 두 제자를 맞은편 마을로 보내시면서 나귀새끼를 내게로 끌어 오라 하셨습니다. 만일 누가 무슨 말을 하거든, "주가 쓰시겠다 하라"하셨습니다. "이는 선지자를 통하여 하신 말씀을 이루려 하심이라"(마 21:3-4) 합니다. 그렇다면 나귀 새끼까지도 약 5백년 전에 행한 선지자의 예언을 응하게 하기 위하여 그 때 그 자리에 예비해두셨다는 것이 됩니다.

이를 통해서 심각하게 각성하게 되는 것은 나는 과연, "누구를 위하여, 무엇을 위하여 이때에 세움을 받았는가"라고 묻게 됩니다. 성경은 "우리가 생각하건대" 하고 생각해 보라고 말씀합니다. "한 사람이 모든 사람을 대신하여 죽었은즉 모든 사람이 죽은 것이라 그가 모든 사람을 대신하여 죽으심은 살아 있는 자들로 하여금 다시는 그들 〈자신을 위하여〉 살지 않고 오직 그들을 〈대신하여 죽었다가 다시 살아나신 이를 위하여〉 살게 하려 함이라"(고후 5:14-15)고 말씀합니다.

그렇다면 결론은 그리스도인은 누군가? "우리 중에 누구든지 자기를 위하여 사는 자가 없고 자기를 위하여 죽는 자도 없도다 우리가 살아도 주를 위하여 살고 죽어도 주를 위하여 죽나니 그러므로 사나 죽으나 우리가 주의 것이로다"(롬 14:7-8). 이런 사람이 그리스도인인 것입니다. 이 고백이 형제가 살아가는 목적입니까? 이것이 "누구를 위하여 젖을 먹일 것인가"하는 질문에 대한 답변입니다.

> 날 대속하신 예수께 내 생명 모두 드리니
> 늘 진실하게 하소서 내 구주 예수여
> 나 구주 위해 살리라 내 기쁨 한량 없으리
> 내 갈길 인도 하소서 내 구주 예수여. (321장)

출애굽기 3:1-12 분석도표

주제 : 내가 내려가서, 건져내고 데려가랴 하노라

<table>
<tr><td rowspan="2">떨
기
나
무

가
운
데
서</td><td>

1-5

1 모세가 그의 장인 미디안 제사장 이드로의 양 떼를 치더니 그 떼를 광야 서쪽으로 인도하여 하나님의 산 호렙에 이르매

2 **여호와의 사자가 떨기나무 가운데로부터 나오는 불꽃 안에서 그에게 나타나시니라** 그가 보니 떨기나무에 불이 붙었으나 그 떨기나무가 사라지지 아니하는지라

3 이에 모세가 이르되 내가 돌이켜 가서 이 큰 광경을 보리라 떨기나무가 어찌하여 타지 아니하는고 하니 그 때에

4 여호와께서 그가 보려고 돌이켜 오는 것을 보신지라 **하나님이 떨기나무 가운데서** 그를 불러 이르시되 **모세야 모세야** 하시매 그가 이르되 내가 여기 있나이다

5 하나님이 이르시되 이리로 가까이 오지 말라 네가 선 곳은 거룩한 땅이니 **네 발에서 신을 벗으라**

</td></tr>
</table>

<table>
<tr><td rowspan="2">보
고

듣
고

알
고</td><td>

6-8

6 또 이르시되 나는 네 조상의 하나님이니 **아브라함의 하나님, 이삭의 하나님, 야곱의 하나님이니라** 모세가 하나님 뵈옵기를 두려워하여 얼굴을 가리매

7 여호와께서 이르시되 **내가 애굽에 있는 내 백성의 고통을 분명히** 보고 그들이 그들의 감독자로 말미암아 **부르짖음을** 듣고 그 근심을 알고

8 **내가 내려가서** **그들을 애굽인의 손에서 건져내고** 그들을 그 땅에서 인도하여 아름답고 광대한 땅, 젖과 꿀이 흐르는 땅 곧 가나안 족속, 헷 족속, 아모리 족속, 브리스 족속, 히위 족속, 여부스 족속의 지방에 **데려가려 하노라**

</td></tr>
</table>

<table>
<tr><td rowspan="2">너
와

함
께

있
으
리
라</td><td>

9-12

9 이제 가라 이스라엘 자손의 부르짖음이 내게 달하고 애굽 사람이 그들을 괴롭히는 학대도 내가 보았으니

10 **이제 내가 너를 바로에게 보내어** 너에게 내 백성 이스라엘 자손을 애굽에서 인도하여 내게 하리라

11 모세가 하나님께 아뢰되 **내가 누구이기에 바로에게 가며** 이스라엘 자손을 애굽에서 인도하여 내리이까

12 하나님이 이르시되 **내가 반드시 너와 함께 있으리라** 네가 그 백성을 애굽에서 인도하여 낸 후에 너희가 이 산에서 하나님을 섬기리니 이것이 내가 너를 보낸 증거니라

</td></tr>
</table>

내가 내려가서,
건져내고 데려가려 하노라

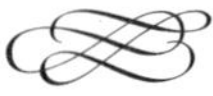

설교 작성노트

하나님은 모세에게 떨기나무 불꽃 가운데서 나타나시어, "아브라함의 하나님, 이삭의 하나님, 야곱의 하나님이니라"(6) 하신다. 그리고 "내가 내려가서 그들을 애굽인의 손에서 건져내겠다"고 말씀하시는데 이 놀라운 의미를 증언하려는 것이 내용목적이다.

그런데 "내가 너를 바로에게 보내어, 이스라엘 자손을 애굽에서 인도하여 내게 하리라", 즉 모세를 도구로 사용하시겠다는 것이다. 그러자 모세는, "내가 누구관대 바로에게 가며 이스라엘 자손을 애굽에서 인도하여 내리이까"(11)고 불가능함을 말한다. 이는 모세만 못하는 것이 아니라 그 누구도 감당할 수 없는 일인 것이다. 그러면 모세가 바로

의 노예인 이스라엘을 출애굽시키는 막중한 사명을 어떻게 감당을 했
는가? 여기에 적용목적이 있는 것이다.

강론

  질문을 하겠습니다. 바로의 노예였던 이스라엘 백성들을 누가 해방
을 시켜 출애굽하게 하였습니까? 그렇습니다. 그러므로 본문 중에서
중심점은 하나님께서, "내가 내려가서 그들을 애굽인의 손에서 건져
내겠다"하신 말씀에 있습니다. 이 말씀은 출애굽기 자체로도 경이로
운 말씀이거니와 이를 구속사라는 맥락으로 보면 더욱더 놀랍고도 영
광스러운 말씀인 것이다.

  먼저 우리가 인식해야 할 점이 있습니다. 주님께서 안식일에 38년
동안 병마에 매여 있던 자를 자유하게 하시자 율법주의자들은 안식일
을 범한다고 비난을 했습니다. 그러자 주님은, "내 아버지께서 이제까
지 일하시니 나도 일한다"(요 5:17)고 응수하셨습니다. 하나님은 안식
하고 계시는 것이 아니라 일을 하고 계신다는 것입니다. 그러면 무슨
일을 하고 계시는가? 그것은 출애굽이 아닙니다.

  하나님은 어찌하여 야곱에게, "애굽으로 내려가기를 두려워하지 말
라 내가 거기서 너로 큰 민족을 이루게 하리라 내가 너와 함께 애굽으
로 내려가겠고 반드시 너를 인도하여 다시 올라올 것이라"(창 46:3-4)고

애굽으로 내려 보내셨는가? 그 의도가 출애굽 자체에 있는 것이 아니라 출애굽이라는 예표를 통해서, "죽기를 무서워하므로 한평생 매여 종노릇하는"(히 2:15) 자들이 사탄의 속박에서 해방되어 하나님의 나라에 이르게 되는 영적 출애굽을 계시하시려는 의도에서였던 것입니다.

하나님은 떨기나무 가운데서, "모세야 모세야"(4) 하고 부르십니다. 어찌하여 "떨기나무 가운데서" 부르시는가? 떨기나무는 사막에 자생하는 나무인데 화목 외에는 아무짝에도 쓸모가 없는 것으로 이스라엘을 상징합니다. 그런데 "떨기나무에 불이 붙었으나", 즉 환난 중에 있으나 "그 떨기나무가 사라지지 아니했다"는 것입니다. 이는 "내가 너와 함께 애굽으로 내려가겠다"(창 46:4) 하신 하나님께서 그들 가운데 계셨기 때문이라는 구속사의 맥락을 놓치지 마시기 바랍니다.

모세에게 나타나신 하나님은, "나는 네 조상의 하나님이라"(6) 하시면서 백성들에게 가서, "너희 조상의 하나님 여호와 곧 아브라함의 하나님, 이삭의 하나님, 야곱의 하나님께서 나를 너희에게 보내셨다 하라"(15) 하십니다. 이는 아브라함과 이삭과 야곱에게 언약하신 "언약의 하나님"이요, 그들에게 세워주신 약속을 지켜주려 하신다는 뜻입니다.

그러므로 2장 마지막 절에서는, "고된 노동으로 말미암아 탄식하며 부르짖으니 그 고된 노동으로 말미암아 부르짖는 소리가 하나님께 상달된지라 하나님이 그들의 고통 소리를 들으시고 하나님이 아브라함과 이삭과 야곱에게 세운 그의 언약을 기억하사"(2:23-24)라고 말씀합니다.

하나님은 "내가 애굽에 있는 내 백성의 고통을 분명히 보고 그들이 그들의 감독자로 말미암아 부르짖음을 듣고 그 근심을 안다"(7)하십니다. 우리가 믿는 하나님은 자기 백성의 "고통을 분명히 보고, 부르짖음을 듣고, 그 근심을 아시는" 하나님이십니다. "보고, 듣고, 아시는" 것으로 그치는 것이 아니라

ㄱ "내가 내려가서,

ㄴ 그들을 애굽인의 손에서 건져내고,

ㄷ 그들을 그 땅에서 인도하여 아름답고 광대한 땅에,

ㄹ 데려가려 하노라"(8) 하십니다.

다시 강조합니다만, "내가 내려가서", 즉 하나님께서 강림하시겠다는 것입니다. 이를 구속사라는 지평으로 보면 놀랍고도 영광스럽기 비할 데가 없는 말씀인 것입니다. 왜냐하면 선지서는, "이는 한 아기가 우리에게 났고 한 아들을 우리에게 주신 바 되었는데", 그 이름은 "기묘자라, 모사라, 전능하신 하나님이라, 영존하시는 아버지라, 평강의 왕이라 할 것임이라"(사 9:6), 즉 "전능한 하나님"께서 이 땅에 내려오시

되 한 아기로 태어난다고 예언하고 있기 때문입니다.

그리고 복음서에서는, "본래 하나님을 본 사람이 없으되 아버지 품속에 있는 독생하신 하나님이 나타내셨느니라"(요 1:18), 즉 볼 수 없는 하나님이 볼 수 있는 사람의 몸을 입고 오셨다고 증언하고 있습니다. 나 같은 죄인을 구원하셔서 약속의 땅으로 데려가기 위해서 하나님께서 친히 인간의 몸을 입고 이 땅에 "내려오셨다"니, 인류 역사상 이보다 경이로운 사건이란 달리는 없는 것입니다. 그러므로 출애굽기는 비록 그림자로, 모형으로, 예표로 되어 있으나 중심점은 의문에 가려 있는 복음인 것입니다. 그러므로 "출애굽" 사건은 바로 우리들의 이야기입니다.

그런데 "이제 내가 너를 바로에게 보내어 너에게 내 백성 이스라엘 자손을 애굽에서 인도하여 내게 하리라"(10) 하십니다. 이는 모세를 의의 병기, 도구로 사용하시겠다는 말씀입니다. 그러자 모세는, "내가 누구이기에 바로에게 가며 이스라엘 자손을 애굽에서 인도하여 내리이까"(11) 하고 펄쩍 뜁니다. 그렇습니다. 모세는 두 사람의 동족이 싸우는 것도 해결하지를 못하고, "누가 너를 우리를 다스리는 자와 재판관으로 삼았느냐 네가 애굽 사람을 죽인 것처럼 나도 죽이려느냐"(2:14)는 말을 듣고 도망한 처지가 아니던가! 이는 모세만 못하는 것이 아니라 그 누구도 감당할 수 없는 일입니다.

하나님은, "내가 반드시 너와 함께 있으리라"(12)하십니다. 이는 네 능력으로 하는 것이 아니라 하나님께서 행하신다는 뜻입니다. 그러므로 복음 전도자들이, "내가 누구관대"라고 변명하기 전에 우리가 명심해야 할 점이 있는데

ㄱ 하나님은, "이는 힘으로 되지 아니하며 능력으로 되지 아니하고 오직 나의 영으로 되느니라"(슥 4:6) 하시고

ㄴ 주님은, "예루살렘을 떠나지 말고 내게서 들은 바 아버지께서 약속하신 것을 기다리라"(행 1:4) 하시고

ㄷ 성령님은, "내가 불러 시키는 일을 위하여 바나바와 사울을 따로 세우라"(행 13:2) 하신 말씀입니다.

무슨 뜻인가? 영적 출애굽이라 할 수 있는 복음전도는 인간의 능력이나 지혜로운 말로 되는 것이 아니라

ㄹ "오직 성령이 너희에게 임하시면 너희가 권능을 받고 예루살렘과 온 유대와 사마리아와 땅 끝까지 이르러 내 증인이 되리라"(행 1:8) 하신 "하나님의 영, 그리스도의 영, 성령"의 역사라는 점을 명심해야만 합니다.

그러므로 우리가 하는 일을 성령께서 도우시는 것이 아니라, "성령께서 불러 시키는 일"에 우리를 들어 쓰시는 것이 복음전도라는 점을

명심해야만 합니다. 이를 알았기에 사도 바울은, "내 말과 내 전도함이 설득력 있는 지혜의 말로 하지 아니하고 다만 성령의 나타나심과 능력으로 하여 너희 믿음이 사람의 지혜에 있지 아니하고 다만 하나님의 능력에 있게 하려 하였노라"(고전 2:4-5)고 진술합니다.

모세와 함께 하셔서 출애굽을 시켜주셨던 하나님은, "내가 모세와 함께 있었던 것 같이 너와 함께 있을 것임이니라"(수 1:5)고 여호수아와 함께 하셔서 가나안을 정복하게 하셨습니다. 바울과 함께 하셨던, "예수 그리스도는 어제나 오늘이나 영원토록 동일하시니라"(히 13:8), 형제와 함께 하신다는 점을 확신하시기 바랍니다. 그래도 "내가 누구관대…"할 것입니까? 이것이 "내가 내려가서 건져내고 데려가려 하노라"는 의미입니다.

어저께나 오늘이나 어느 때든지 영원토록 변함없는 거룩한 말씀

믿고 순종하는 이의 생명 되시며 한량없이 아름답고 기쁜 말 일세

어저께나 오늘이나 영원 무궁히 한결 같은 주 예수께 찬양합니다

세상 지나고 변할지라도 영원하신 주 예수 찬양합니다. (135장)

출애굽기 4:1-17 분석도표

주제 : 보냄을 받았다는 표징

1-9

세 가 지 표 징

1 모세가 대답하여 이르되 그러나 그들이 나를 믿지 아니하며 내 말을 듣지 아니하고 이르기를
여호와께서 네게 나타나지 아니하셨다 하리이다

2 여호와께서 그에게 이르시 | 네 손에 있는 것이 무엇이냐 그가 이르되 지팡이니이다

3 여호와께서 이르시되 | 그것을 땅에 던지라 하시매 곧 땅에 던지니

그것이 뱀이 된지라 모세가 뱀 앞에서 피하매

4 여호와께서 모세에게 이르시되 | 네 손을 내밀어 그 꼬리를 잡으라
그가 **손을 내밀어 그것을 잡으니** | 그의 손에서 지팡이가 된지라

5 이는 그들에게 그들의 조상의 하나님 곧 | **아브라함의 하나님, 이삭의 하나님, 야곱의 하나님**
여호와가 네게 나타난 줄을 믿게 하려 함이라 하시고

6 여호와께서 또 그에게 이르시되 | 네 손을 품에 넣으라 하시매

그가 **손을 품에 넣었다가** 내어 보니 그의 손에 나병이 생겨 눈 같이 된지라

7 이르시되 **네 손을 다시 품에 넣으라** 하시매 그가 다시 **손을 품에 넣었다가** 내어 보니
그의 손이 본래의 살로 되돌아왔더라

8 여호와께서 이르시되 만일 그들이 너를 믿지 아니하며 그 처음 표적의 표징을 받지 아니하여도
나중 표적의 표징은 믿으리라

9 그들이 이 두 이적을 믿지 아니하며 네 말을 듣지 아니하거든 너는 나일 강 물을 조금 떠다가
땅에 부으라 네가 떠온 **나일 강 물이 땅에서 피가 되리라**

10-17

네 입 과 함 께 있 으 리 라

10 모세가 여호와께 아뢰되 오 주여 **나는 본래 말을 잘 하지 못하는 자니이다** 주께서 주의 종에게
명령하신 후에도 역시 그러하니 **나는 입이 뻣뻣하고 혀가 둔한 자니이다**

11 여호와께서 그에게 이르시되 **누가 사람의 입을 지었느냐** 누가 말 못 하는 자나 못 듣는 자나
눈 밝은 자나 맹인이 되게 하였느냐 나 여호와가 아니냐

12 이제 가라 | 내가 네 입과 함께 있어서 할 말을 가르치리라

13 모세가 이르되 | 오 주여 보낼 만한 자를 보내소서

14 여호와께서 모세를 향하여 노하여 이르시되 레위 사람 네 형 아론이 있지 아니 하냐
그가 말 잘 하는 것을 내가 아노라 그가 너를 만나러 나오나니 그가 너를 볼 때에 그
의 마음에 기쁨이 있을 것이라

15 너는 그에게 말하고 그의 **입에 할 말을 주라 내가 네 입과 그의 입에 함께 있어서**
너희들이 행할 일을 가르치리라

16 그가 너를 대신하여 백성에게 말할 것이니 **그는 네 입을 대신할 것이요**
너는 그에게 하나님 같이 되리라

17 너는 이 지팡이를 손에 잡고 이것으로 이적을 행할지니라

보냄을 받았다는 표징

설교 작성노트

하나님은 모세에게 지팡이가 뱀이 되고, 나병이 발했던 손이 치유되는 기사이적을 행할 능력을 주신다. 왜냐하면 모세가, "그들이 나를 믿지 아니하며, 여호와께서 네게 나타나지 아니하셨다 하리이다"(1)고 변명을 했기 때문이다. 복음서에는 주님께서 행하신 기사와 이적이 많이 등장한다. 그러면 "출애굽과 영적 출애굽"이 기사와 이적으로 가능해진 것인가 하고 묻게 된다.

또한 모세는, "나는 본래 말을 잘 하지 못하는 자니이다"(10)고 변명한다. 하나님은 "이제 가라 내가 네 입과 함께 있어서 할 말을 가르치리라"(12) 하신다. 복음서에는 주님께서 행하신 교훈들이 많이 있다.

그렇다면 "출애굽과 영적 출애굽"이 "말"을 잘해서, 즉 교훈으로 가능해졌는가 하고 묻게 된다. 이를 증언하려는 것이 내용목적이다.

또한 본문에는 "입"이 13번, "손"이 7번 등장하는데 하나님께서는 모세의 "손과 입"을 의의 병기로 사용하려 하신다. 여기에 적용목적이 있다 할 것이다.

강론

모세는 4장에서도, "내가 너를 바로에게 보내어, 내 백성 이스라엘 자손을 애굽에서 인도하여 내게 하리라"(3:10)하시는 하나님의 사명을 3번(1, 10, 13)이나, 할 수 없노라고 거절을 합니다.

① 첫 번째는 "그러나 그들이 나를 믿지 아니하며 내 말을 듣지 아니하고 이르기를 여호와께서 네게 나타나지 아니하셨다 하리이다"(1)고 변명을 합니다. 그래서 하나님은 세 가지 표징을 주시는데 첫 번 표징은

㉠ "네 손에 있는 것이 무엇이냐"고 물으십니다. 양을 치던 "지팡이니이다" 하니, "그것을 땅에 던지라 곧 땅에 던지니 그것이 뱀이 된지라 모세가 뱀 앞에서 피하매"(2-3) 합니다.

만일 피한 것이 끝이었다면 모세는 사명을 감당하지 못했을 것입니다. 왜냐하면 "뱀"은 애굽 왕을, 그리고 궁극적으로는 사탄을 상징하는데 모세는 그 앞에서 피하여 광야까지 도망을 온 자였기 때문입니다. 하나님은, "네 손을 내밀어 그 꼬리를 잡으라"(4) 하십니다. 이제는 능히 제어(制御)하게 될 것을 보여주시고, "이는 그들에게 그들의 조상의 하나님 곧 아브라함의 하나님, 이삭의 하나님, 야곱의 하나님 여호와가 네게 나타난 줄을 믿게 하려 함이라"(5) 하십니다.

ⓛ 두 번째 표징은 "네 손을 품에 넣으라, 그의 손에 나병이 생겨 눈 같이 된지라"(6) 합니다. 만일 나병이 발한 것이 끝이라면 백성들은 모세를 신뢰하기는커녕 도리어 기피하는 인물이 되었을 것입니다. 그러나 "다시 손을 품에 넣었다가 내어보니 그의 손이 본래의 살로 되돌아왔더라"(7), 즉 회복이 된 것입니다.

이는 모세가 고역으로 말미암아 탄식하며 부르짖는 이스라엘 백성을 능히 회복시켜줄 수 있는 자라는 점을 나타내는 표징이었던 것입니다. 그래서 "그 처음 표적의 표징을 받지 아니하여도 나중 표적의 표징은 믿으리라"(8)고 말씀하셨던 것입니다.

ⓒ 세 번째 표징으로, "그들이 이 두 이적을 믿지 아니하며 네 말을 듣지 아니하거든 너는 나일 강물을 조금 떠다가 땅에 부으라 네가 떠온 나일 강물이 땅에서 피가 되리라"(9)하십니다. 그러니까 세 번째 표징은 두 이적보다 결정적인 표징이 되리라는 뜻입니다. 왜냐하면 나일강

의 하수가 피로 변하는 것을 보게 될 때에 무엇을 예감(豫感)하게 되었을까요? 말할 것도 없이 불길한 죽음을 예감하게 되었을 것입니다.

그렇습니다. 23절을 보십시오. 만일 바로가 놓기를 거절하면, "내가 네 아들 네 장자를 죽이리라 하셨다 하라"(23) 하십니다. 그러므로 이 피는 애굽 천지에서 장자를 멸하게 될 죽음의 재앙을 예시해주고 있습니다. 이 표징이 바로에게는 머리를 상하게 되는 결정적인 표징이요, 이스라엘 백성들에게는 대신 죽임을 당할 유월절 어린 양의 피를 지향하게 하는 표징이었던 것입니다.

영적 출애굽이라 할 수 있는 복음서에도 주님께서 행하신 기사이적이 많이 등장합니다. 그렇다면 영적 출애굽인 우리의 구원이 주님의 기사와 이적으로 가능해졌는가 하고 묻게 되는데 아닙니다. 이는 모세가 행한 이적이 하나님께서 보내신 자라는 표징이었듯이, 예수님이 행하신 이적도 하나님께로부터 보내심을 받은 자 곧 아브라함과 다윗에게 언약하셨던 그리스도이심을 나타내는 표징이었던 것입니다. 주님은 나사로의 무덤에서 기도하시기를, "그러나 이 말씀 하옵는 것은 둘러선 무리를 위함이니 곧 아버지께서 나를 보내신 것을 그들로 믿게 하려 함이니이다"(요 11:42) 하셨습니다.

② 그래도 모세는 두 번째로, "주여 나는 본래 말을 잘 하지 못하는

자니이다 주께서 주의 종에게 명령하신 후에도 역시 그러하니 나는 입이 뻣뻣하고 혀가 둔한 자니이다"(4:10) 라고 변명을 합니다. 하나님은 누가 사람의 입을 지었느냐 하시면서, "이제 가라 내가 네 입과 함께 있어서 할 말을 가르치리라"(12) 하십니다.

동일하게 복음서에는 주님께서 말씀하신 많은 교훈들이 있습니다. 그렇다면 영적 출애굽인 우리의 구원이 그리스도의 교훈으로 가능해졌는가 하고 묻게 되는데 아닙니다. 주님의 교훈은 중요하고도 귀중한 것이지만 교훈으로 말미암아 구원을 얻은 것은 아닙니다. 왜냐하면 죄의 값은 사망이요, 피 흘림이 없은즉 사함이 없기 때문입니다.

뒤에 가서 확인하게 될 것입니다만, 출애굽도 유월절 어린 양의 피로 말미암아 가능하여졌고, 영적 출애굽도, "우리의 유월절 양 곧 그리스도께서 희생이 되셨느니라"(고전 5:7) 한 그리스도의 대속적인 죽음으로 말미암아 가능해졌다는 점에 확고해야만 비로소 복음 전도자라 할 수가 있는 것입니다.

③ 모세는 더 이상 변명할 말이 없었든지 세 번째로, "주여 보낼 만한 사람을 보내소서"(13) 합니다. 그렇다면 보낼 만 한 자격 있고, 능력 있고, 그래서 감당할 자가 세상 천지에 있단 말입니까? 아무도 없습니다. 그래서 하나님은 영적 출애굽을 어떻게 이루셨는가?

"사람이 없음을 보시며 중재자가 없음을 이상히 여기셨으므로 자기 팔로 스스로 구원을 베푸시며"(사 59:16), 즉 하나님께서 친히 임마누엘 하셔서 성취하셨던 것입니다. 이점을 요한복음에서는, "본래 하나님을 본 사람이 없으되 아버지 품속에 있는 독생하신 하나님이 나타내셨느니라"(요 1:18)고 말씀합니다.

이점이 출애굽기에서는, "내가 내려가서 그들을 애굽인의 손에서 건져내리라"(3:8)는 말씀으로 나타나고 있는데 모세는, "나와 같은 선지자 하나를 일으키시리니"(신 18:15)라고 예언을 합니다. 모세는 그분의 예표로 세움을 받은 것입니다.

본문이 우리에게 어떻게 적용이 되는가? 본문에는 "손"이 13번이나 등장을 합니다. 이제 모세는 빈손으로 보냄을 받고 있는 것이 아니라, "애굽으로 돌아가는데 모세가 하나님의 지팡이를 손에 잡았더라"(20) 합니다. 이 지팡이는 모세가 이제까지 양을 치던 지팡이입니다. 그런데 하나님은, "너는 이 지팡이를 손에 잡고 이것으로 이적을 행할지니라"(17)고 하나님의 양 무리를 치는 영적 목자의 지팡이가 되게 하셨습니다. 이 지팡이로 홍해를 가르게 되고, 반석에서 생수를 솟아나게 하며, 아말렉을 격퇴시키는 "하나님의 지팡이"가 된 것입니다. 모세는 이 지팡이를 손에 잡고 애굽으로 돌아가고 있는 것입니다.

계시록에서 주님은, "이기는 자와 끝까지 내 일을 지키는 그에게 만국을 다스리는 권세를 주리니 그가 철장을 가지고 그들을 다스려 질그릇 깨뜨리는 것과 같이 하리라 나도 내 아버지께 받은 것이 그러하니라"(계 2:26-27) 하십니다. 형제의 손에는 악의 세력을 격파할 "철장"이 들려졌다는 점을 확신하시기 바랍니다.

본문에는 핵심적인 단어가 또 하나 있는데 "입"이 7번이나 등장을 한다는 점입니다. 하나님께서는 복음을 증언하는데 우리의 "입"을 의의 병기로 사용하십니다. 하나님은, "이제 가라 내가 네 입과 함께 있어서 할 말을 가르치리라"(12) 하십니다. 주님은, "너희를 넘겨 줄 때에 어떻게 또는 무엇을 말할까 염려하지 말라 그 때에 너희에게 할 말을 주시리니 말하는 이는 너희가 아니라 너희 속에서 말씀하시는 이 곧 너희 아버지의 성령이시니라"(마 10:19-20)하십니다. 하나님께서는 예레미야를 선지자로 세우실 때에도 손을 내밀어 그의 입에 대시면서, "보라 내가 내 말을 네 입에 두었노라"(렘 1:9) 하십니다.

계시록에 보면, "개구리 같은 세 더러운 영이 용의 입과 짐승의 입과 거짓 선지자의 입에서 나오는"(계 16:13) 장면이 있습니다.

영적 전쟁은 ㉠ "입"이라는 지체를 가지고 싸우는 입과 입의 전쟁이요, ㉡ 입에서 나오는 "진리와 비 진리"의 싸움이요, ㉢ 말씀과 함께 역사하는 "성령과 악령"의 전쟁이라는 점을 명심하시기 바랍니다.

　형제의 "입"은 이전에 무엇을 말하던 입이며, 형제의 "손"은 전에 무엇을 하던 손입니까? 성경은, "너희 지체를 불의의 무기로 죄에게 내주지 말고 오직 너희 자신을 죽은 자 가운데서 다시 살아난 자 같이 하나님께 드리며 너희 지체를 의의 무기로 하나님께 드리라"(롬 6:13)고 촉구합니다. 이제 형제의 입에는 하나님의 말씀이 있고, 손에는 "하나님의 지팡이 곧 만국을 다스리는 권세"를 주셨습니다. 이것이 형제가 "보냄을 받았다는 표징"입니다.

> 주가 나를 부르시니 언제 어디나 기뻐 가서 일하리
>
> 주가 명령 내리실 때 능력 받아서 기뻐 거두리로다
>
> 보내 주소서 보내 주소서 제단 숯불 내 입술에 대니
>
> 어찌 주저할까 주여 나를 보내주소서. (495장)

출애굽기 6:1-9 분석도표

주제 : 구속하여 내 백성을 삼고

<table>
<tr>
<td rowspan="2">언약을 기억하노라</td>
<td>

1-5

1 여호와께서 모세에게 이르시되 이제 **내가 바로에게 하는 일을 네가 보리라**

강한 손으로 말미암아 바로가 그들을 보내리라
강한 손으로 말미암아 바로가 그들을 그의 땅에서 쫓아내리라

2 하나님이 모세에게 말씀하여 이르시되 나는 여호와이니라
3 **내가 아브라함과 이삭과 야곱에게**   **전능의 하나님으로 나타났으나**
나의 이름을 여호와로는 그들에게 알리지 아니하였고

4 **가나안 땅 곧 그들이 거류하는 땅을 그들에게 주기로**   **그들과 언약하였더니**
5 이제 애굽 사람이 종으로 삼은 이스라엘 자손의 신음 소리를 내가 듣고 **나의 언약을 기억하노라**

</td>
</tr>
</table>

<table>
<tr>
<td rowspan="2">너희 하나님이 되리니</td>
<td>

6-9

6 그러므로 이스라엘 자손에게 말하기를 나는 여호와라
  내가 애굽 사람의 무거운 짐 밑에서 너희를 빼내며 그들의 노역에서 너희를 건지며

7   **편 팔과 여러 큰 심판들로써 너희를 속량하여**
너희를 내 백성으로 삼고
나는 너희의 하나님이 되리니

  나는 애굽 사람의 무거운 짐 밑에서 너희를 빼낸 너희의 하나님 **여호와인 줄 너희가 알지라**
8 **내가 아브라함과 이삭과 야곱에게 주기로 맹세한** **땅으로 너희를 인도하고**
  그 땅을 너희에게 주어 기업을 삼게 하리라 **나는 여호와라 하셨다 하라**

9 모세가 이와 같이 이스라엘 자손에게 전하나 그들이 마음의 상함과
가혹한 노역으로 말미암아
모세의 말을 듣지 아니하였더라

</td>
</tr>
</table>

구속하여 내 백성을 삼고

설교 작성노트

하나님께 강권적으로 붙잡힌바 된 모세는 바로에게 들어가서 "내 백성을 보내라"(5:1) 하신 하나님의 말씀을 대언한다. 그러자 바로가 순순히 보냈는가? 오히려 "너희가 게으르다 게으르다 그러므로 너희가 이르기를 우리가 가서 여호와께 제사를 드리자 하는도다"(5:17)고 멍에를 더욱 무겁게 했다. 그렇다면 하나님은 이들을 어떻게 구출하시려는 것인가?

그러므로 6장에는 출애굽기, 나아가 하나님의 구원계획을 이해하는데 중요한 요점이 등장한다. 그것은 출애굽을 시키는 방법(方法), 근거(根據), 목적(目的)이 무엇인가 하는 점이다. 이를 통해서 사탄의 노예로 전락한 우리를 구원하시는 "방법·근거·목적"을 깨닫게 하려는 것이 내용목적이다.

그리고 바로가 "멍에"를 더욱 무겁게 함과 같이 사탄은 발악적으로 대적한다. 그러므로 "제자들의 마음을 굳게 하여 이 믿음에 머물러 있-으라 권하고 또 우리가 하나님의 나라에 들어가려면 많은 환난을 겪어야 할 것이라"(행 14:22)한, 마음을 견고케 하려는데 적용목적이 있다 하겠다.

강론

본론에 들어가기 전에 먼저 상기해야 할 점은 야곱의 자손 이스라엘이 어찌하여 애굽으로 내려가게 되었는가 하는 점입니다. 하나님께서 야곱에게 "애굽으로 내려가기를 두려워하지 말라 내가 거기서 너로 큰 민족을 이루게 하리라"고 애굽으로 내려 보내셨기 때문입니다. 그런데 내려 보내신 것이 끝이 아니라, "반드시 너를 인도하여 다시 올라올 것이라"(창 46:3-4)고 약속하셨습니다. 하나님의 의도는 분명한데 출애굽을 통해서 영적 출애굽을 계시하시려는 것입니다.

그러면 출애굽을 가능하게 하는 방법(方法)·근거(根據)·목적(目的)이 무엇인가 하는 점입니다. 이에 확고해야만 영적 출애굽, 즉 복음을 이해할 수 있기 때문입니다. 이런 맥락에서 5-7절을 주의 깊게 관찰해 보면 그들의 신분(身分)이 세 가지로 바뀌는 것을 보게 됩니다.

㉠ 그들은 본래 "이스라엘 자손"(6상), 즉 야곱의 자손들이었습니다.

㉡ 그런데 "이제 애굽 사람의 종"(5상)으로 전락한 것입니다.

㉢ 그러한 자들을 하나님께서는 "너희를 내 백성으로 삼고 나는 너희의 하나님이 되리니"(7상)하고, 하나님의 백성으로 삼으시겠다는 것입니다.

이런 맥락에서 우리가 주목해야 할 점은 바로의 노예로 전락한 자들을 하나님의 백성이 되게 하시는 "방법(方法)과 근거(根據)와 목적"(目的)이 무엇인가 하는 점입니다. 왜냐하면 이에 분명해야만 사탄의 노예로 전락한 우리를 구원하시는 "방법·근거·목적"에 확고한 그리스도인이 될 수가 있기 때문입니다. 이점이 6-7절에 분명히 계시되어 있습니다.

① 첫째로 방법(方法)인데 "내가 애굽 사람의 무거운 짐 밑에서 너희를 빼내며 그들의 노역에서 너희를 건지며 편 팔과 여러 큰 심판들로써 너희를 속량하여"(6)한, "속량"이 해방시키는 유일한 방법인 것입니다. "속량"이란 종으로 팔린 자를 값을 지불하고 자유하게(구속) 하는 것을 의미합니다. 출애굽 당시는 "어린 양"의 피로 속량하였으나 이는 "세상 죄를 지고 가는 하나님의 어린 양이로다"한 예수 그리스도에 대한 그림자였던 것입니다.

그러므로 구원의 방법에 대해서 신약성경은, "그가 우리를 대신하여 자신을 주심은 모든 불법에서 우리를 속량하시고 우리를 깨끗하게 하사 선한 일을 열심히 하는 자기 백성이 되게 하려 하심이라"(딛 2:14)고 말씀합니다. 로마서에서도, "그리스도 예수 안에 있는 속량으로 말미암아 하나님의 은혜로 값없이 의롭다 하심을 얻은 자 되었느니라"(롬 3:24)고 증언합니다. 신구약을 막론하고 죄 값에 팔린 자가 하나님의 백성이 되는 방법은 속량, 즉 대속 외에는 다른 방법이란 없는 것입니다.

② 둘째로 해방시키시는 근거(根據)인데 자격이나 공로가 있어서가 아닙니다. 그렇다고 "하나님이 그 고통 소리를 들으시고"한 부르짖었기 때문도 아닙니다. 그보다 먼저 "아브라함과 이삭과 야곱에게 세운 그 언약을 기억하사"(2:24)한, "언약"(言約)이 근거인 것입니다. 하나님은 아브라함에게 가나안이라는, "땅"만을 주리라 약속하신 것이 아니라, "자손을 주리라, 자손으로 말미암아 천하 만민의 복을 받으리라"고 언약하셨습니다. 그러므로 언약의 핵심은, "자손을 주리라"하신 메시아언약에 있는 것입니다.

야곱의 자손들은 애굽에서 400년 간 노예생활을 하는 동안 혹시 하나님의 약속을 망각하고 있었을는지 모르지만 하나님은, "내가 너와 함께 애굽으로 내려가겠다"고 약속하신 대로 400년 동안 그들 가운데 계셨던 것입니다. 이점이 하나님께서 모세에게, "떨기나무 불꽃 가운데서" 나타내신 데서 드러나고, 떨기나무에 불이 붙었으나 사라지지 아니하고 더욱 번성할 수가 있었다는 데서 확증이 됩니다. 이제 하나님은, "반드시 너를 인도하여 다시 올라올 것이며"라고 약속하신 대로 출애굽을 시켜서 약속의 땅으로 돌아가게 하시려는 것입니다.

③ 셋째로 출애굽을 시키는 목적인데, "너희를 내 백성으로 삼고 나는 너희의 하나님이 되리니"(7)하십니다. "너희는 내 백성, 나는 너희 하나님"이 되시려는데 출애굽의 목적이 있는 것입니다. 그런데 하나님의 백성으로 삼아주시는 것이 끝이 아니라, "내가 이스라엘 자손 중에 거하여", 즉 함께 사시겠다는 것입니다. "그들은 내가 그들의 하나님 여호와로서 그들 중에 거하려고 그들을 애굽 땅에서 인도하여 낸 줄을 알리라"(29:45-46)하십니다.

이 주제가 성경 마지막 책, 마지막 부분에서, "보라 하나님의 장막이 사람들과 함께 있으매 하나님이 그들과 함께 계시리니 그들은 하나님의 백성이 되고 하나님은 친히 그들과 함께 계셔서"(계 21:3)에서 완성이 되는 하나님의 나라건설인 것입니다.

그런데 구약시대에는, "너희 하나님, 나의 백성"이라 하신 것이 신약시대에 와서는, "너희에게 아버지가 되고 너희는 내게 자녀가 되리라 전능하신 주의 말씀이니라 하셨느니라"(고후 6:18)고 "너희 아버지, 나의 자녀"라고 더욱 친근한 관계로 발전이 되고 있는 것입니다.

그러므로 하나님의 구원계획은 애굽에서 "속량"해내시는 것이 끝이 아니라, "내가 아브라함과 이삭과 야곱에게 주기로 맹세한 땅으로 너희를 인도하고 그 땅을 너희에게 주어 기업을 삼게 하리라"(8)하신, 약속의 땅으로 "인도"하시고, 함께 거하시려는 것입니다.

이점이 모세의 찬양에도 나타나는데, "주의 인자하심으로 주께서 구속하신 백성을 인도하시되 주의 힘으로 그들을 주의 거룩한 처소에 들어가게 하시나이다"(15:13)고, "들어가게 하신다"합니다. 왜냐하면, "하나님의 장막이 사람들과 함께 있으매"한, 함께 거하시기 위해서입니다.

이상 말씀 드린 것을 요약하면, "너희를 속량하여(6하), 너희로 내 백성을 삼고(7상), 아브라함과 이삭과 야곱에게 주기로 맹세한 땅으로 너희를 인도하고 그 땅을 너희에게 주어 기업을 삼게 하리라" (8)는 말씀입니다. 이는 율법이 아니라 의문에 가려 있는 복음인 것입니다.

끝으로 오늘 본문이 놓여 있는 문맥을 간단하게나마 언급해야만 하겠습니다. 5장에서 모세가 바로에게 들어가 하나님께서, "내 백성을 보내라 하셨다"(5:1)고 전하므로 백성들에게 평안이 왔는가? 아닙니다. "너희가 게으르다 게으르다"(5:17)하면서 고역을 더욱 강화했던 것입니다. 그러자 백성들은, "우리를 바로의 눈과 그의 신하의 눈에 미운 것이 되게 했다"고 원망하고, 모세도 "주여 어찌하여 이 백성이 학대를 당하게 하셨나이까 어찌하여 나를 보내셨나이까 내가 바로에게 들어가서 주의 이름으로 말한 후로부터 그가 이 백성을 더 학대하며 주께서도 주의 백성을 구원하지 아니 하시나이다"(5:21-23)고 탄원을 했던 것입니다.

그러자 하나님은, "이제 내가 바로에게 하는 일을 네가 보리라 강한 손으로 말미암아 바로가 그들을 보내리라 강한 손으로 말미암아 바로가 그들을 그의 땅에서 쫓아내리라"(6:1) 하신 문맥에서 주어진 말씀입니다. 무슨 뜻인가? "너는 바로가 쉽게 보낼 줄로 생각했느냐? 아니다. 강한 손으로, 강한 손으로 말미암아" 가능해질 터인데 그것을 "네가 보리라"(1)하시는 것입니다.

그러면 모세에게, 그리고 우리들에게 "네가 보리라"한 보여주시려는 계시가 무엇인가? "네가 보리라"하신 계시는 아홉 가지 재앙이 아닙니다. "유월절 어린 양의 피"였던 것입니다. 그리고 하나님은 말씀하십니다. "내가 애굽에서 행한 표징을 네 아들과 네 자손의 귀에 전하기 위함이라"(10:2).

사탄이 사로잡고 있는 영혼을 쉽게 내어줄 것 같습니까? 쉽게 보내줄 것으로 생각하고 선교하다가 "어찌하여 나를 보내셨나이까? 주께서도 주의 백성을 구원하지 아니 하시나이다"고, 낙심하고 포기하는 것은 아닙니까?

형제여, 우리는 사탄의 노예에서 해방만 받은 사람들이 아닙니다. 또한 지옥만 면한 사람들이 아닙니다. 하나님께서 우리를 하나님의 자녀 곧 양자(養子)로 삼아주셨다고 말씀합니다. 그리고 "하나님이 그들과 함께 계시리니 그들은 하나님의 백성이 되고 하나님은 친히 그들과 함께 계셔서"(계 21:3), 즉 하나님의 영광에 영원토록 거하게 된다고 말씀하십니다. 이는 오직 예수 그리스도의 구속으로 말미암아 가능하여진 것입니다. 이것이 "구속하여 내 백성을 삼고"입니다.

> 내가 예수 믿고서 죄 사함 받아 나의 모든 것 다 변했네
>
> 지금 내가 가는 길 천국 길이요 주의 피로 내 죄가 씻겼네
>
> 나의 모든 것 변하고 그 피로 구속 받았네
>
> 하나님은 나의 구원되시 오니 내게 정죄함 없겠네. (421장)

출애굽기 8:20-32 분석도표

주제 : 하나님의 구별하심과 바로의 타협안

구별하리니

20-24

20 여호와께서 모세에게 이르시되 아침에 일찍이 일어나 바로 앞에 서라
그가 물 있는 곳으로 나오리니 그에게 이르기를 여호와께서 이와 같이 말씀하시기를
내 백성을 보내라 그러면 그들이 나를 섬길 것이니라

21 네가 만일 내 백성을 보내지 아니하면 내가 너와 네 신하와 네 백성과 네 집들에 **파리 떼를 보내리니** 애굽 사람의 집집에 파리 떼가 가득할 것이며 그들이 사는 땅에도 그러하리라

22 그 날에 나는 **내 백성이 거주하는 고센 땅을** **구별하여 그곳에는 파리가 없게 하리니**
이로 말미암아 이 땅에서 **내가 여호와인 줄을 네가 알게 될 것이라**

23 **내가 내 백성과 네 백성 사이를 구별하리니**
내일 이 표징이 있으리라 하셨다 하라 하시고

24 여호와께서 그와 같이 하시니 무수한 파리가 바로의 궁과 그의 신하의 집과 애굽 온 땅에 이르니

파리로 말미암아 그 땅이 황폐하였더라

너무 멀리는 가지 말라

25-32

25 바로가 모세와 아론을 불러 이르되 **너희는 가서 이 땅에서 너희 하나님께 제사를 드리라**

26 모세가 이르되 그리함은 부당하니이다 우리가 우리 하나님 여호와께 제사를 드리는 것은
애굽 사람이 싫어하는 바인즉 우리가 만일 애굽 사람의 목전에서 제사를 드리면
그들이 그것을 미워하여 우리를 돌로 치지 아니하리이까

27 우리가 사흘 길쯤 광야로 들어가서 우리 하나님 여호와께 제사를 드리되
우리에게 명령하시는 대로 하려 하나이다

28 바로가 이르되 **내가 너희를 보내리니** 너희가 너희의 하나님 여호와께 광야에서
제사를 드릴 것이나 **너무 멀리 가지는 말라** 그런즉 너희는 나를 위하여 간구하라

29 모세가 이르되 내가 왕을 떠나가서 여호와께 간구하리니
내일이면 파리 떼가 바로와 바로의 신하와 바로의 백성을 떠나려니와 바로는 이 백성을 보내어
여호와께 제사를 드리는 일에 다시 거짓을 행하지 마소서 하고

30 모세가 바로를 떠나 나와서 여호와께 간구하니

31 여호와께서 모세의 말대로 하시니 그 파리 떼가 바로와 그의 신하와 그의 백성에게서 떠나니
하나도 남지 아니하였더라

32 그러나 바로가 이때에도 **그의 마음을 완강하게 하여 그 백성을 보내지 아니하였더라**

하나님의 구별하심과 바로의 타협안

설교 작성노트

모세는 바로에게 7번(5:1, 7:16, 8:1, 20, 9:1, 13, 10:3)이나 "내 백성을 보내라 그들이 나를 섬길 것이니라"(1, 20)는 하나님의 말씀을 대언한다. 그러나 바로는 마음이 완강하여 보내지를 아니한다. 그리하여 8장에서는 "개구리 재앙(2), 이 재앙(16), 파리 재앙"(21) 등 세 가지 재앙이 임하게 된다. 재앙의 목적은 변함없이 "내가 여호와인줄을 네가 알게 될 것이라"(10, 22)에 있다.

그런 중에 본문에서는 두 가지 점을 주목하게 되는데 첫째는, "내가 내 백성과 네 백성 사이를 구별하리니"(23, 22) 하신 "구별"(區別)하심이다. 무엇으로 구별하셨는가? "내가 피를 볼 때에 너희를 넘어가리니"

(12:13)하신 궁극적인 구별은 어린 양의 피가 뿌려졌느냐 여부에 있었던 것이다. 이를 증언하려는데 내용목적이 있다.

그리고 바로는 다급해지자 두 가지 타협안을 제시하는데, "너희는 가서 이 땅에서 제사를 드리라(25), 광야에서 제사를 드릴 것이나 너무 멀리 가지는 말라"(25)고 말한다. 여기에 적용목적이 있다 하겠다. 왜냐하면 현대교회는 이 타협안을 받아 드리기로 도장을 찍은 것 같기 때문이다.

강론

하나님의 보내심을 받은 모세는 바로에게 "여호와의 말씀에 내 백성을 보내라 그들이 나를 섬길 것이니라"(1)고 말씀하셨다는 점을 7번(5:1, 7:16, 8:1, 20, 9:1, 13, 10:3)이나 대언합니다. 전도가 무엇인가? "내 백성을 보내라" 하신 하나님의 말씀을 대언하는 것입니다. 주님은 바울에게 "두려워하지 말며 침묵하지 말고 말하라 내가 너와 함께 있으매 어떤 사람도 너를 대적하여 해롭게 할 자가 없을 것이니 이는 이 성중(고린도)에 내 백성이 많음이라"(행 18:9-10)고 격려하십니다.

① 그러면 하나님의 백성은 도대체 어떤 사람들인가 하고 묻게 되

는데, "내 백성과 네 백성 사이를 구별하리니"(23)한, "구별"된 사람들이라고 말씀합니다. 11:7절에서도, "여호와께서 애굽 사람과 이스라엘 사이를 구별하는 줄을 너희가 알리라"고 말씀하십니다.

그러면 어떤 근거에 의해서 "내 백성과 네 백성"이 구별이 되는 것일까요? 우리에게 자격이나 공로가 있어서가 아닙니다.

이점을 모세는

㉠ 첫째는 "여호와께서 너희를 기뻐하시기" 때문이요

㉡ 둘째는 "여호와께서 다만 너희를 사랑하심으로 말미암아"

㉢ 셋째는 "너희의 조상들에게 하신 맹세를 지키려 하심으로 말미암아"

㉣ 그래서 애굽 땅 바로의 종 되었던 데서 인도하여 내셨다(신 7:7-8)고 말씀합니다.

우리는 예수 믿는 사람들을 주저함이 없이 습관적으로 "성도"(聖徒)라고 부르고 있는데 "성도"란 아무 사람에게나 해당이 되는 그처럼 가벼운 주제가 아니라, 거룩하게 "구별"(區別)된 무리들이라는 뜻입니다. 누가 구별을 하셨는가? "내가 내 백성과 네 백성 사이를 구별하리니"(23)하신 하나님께서 구별하여주신 것입니다. 그래서 성도, 즉 거룩한 무리라 하는 것입니다. "그러므로 "성도"라는 호칭은 "신사·숙녀·왕자·

공주” 등 그 어떤 호칭에도 비교할 수 없는 영광스러움과 동시에 엄청난 책임이 따르는 이름인 것입니다. “성도”의 영광스러움을 성경 몇 곳을 인용함으로 살펴보고자 합니다.

㉠ “여호와께서 백성을 사랑하시나니 모든 성도가 그의 수중에 있으며 주의 발아래에 앉아서 주의 말씀을 받는도다”(신 33:3)고 말씀합니다. 지금 우리가 성도들이요, 하나님의 발아래 앉아서 말씀을 받고 있는 것입니다.

㉡ “땅에 있는 성도들은 존귀한 자들이니 나의 모든 즐거움이 그들에게 있도다”(시 16:3)하십니다. 왜냐하면 피로 값을 주고 사신 “택하신 족속이요 왕 같은 제사장들이요 거룩한 나라 소유된 백성”이기 때문입니다.

㉢ “고린도에 있는 하나님의 교회 곧 그리스도 예수 안에서 거룩하여지고 성도라 부르심을 받은 자들과 ”(고전 1:2)

㉣ “로마에서 하나님의 사랑하심을 받고 성도로 부르심을 받은 모든 자에게 하나님 우리 아버지와 주 예수 그리스도로부터 은혜와 평강이 있기를 원하노라”(롬 1:7)합니다.

㉤ 더욱 놀라운 것은 “성도가 세상을 판단할 것을 너희가 알지 못하느냐 세상도 너희에게 판단을 받겠거든 지극히 작은 일 판단하기를 감당하지 못하겠느냐”(고전 6:2)고 묻고 있다는 것입니다. 이것이, “내 백성과 네 백성 사이를 구별하리니” 하신, 세상으로부터 구별하심을 받

은 거룩한 무리 곧 성도들인 것입니다.

그러면 출애굽 당시에 애굽 집과 이스라엘 집이 무엇으로 구별이 되었는가? 하나님께서는, "내가 애굽 땅을 칠 때에 그 피가 너희가 사는 집에 있어서 너희를 위하여 표적이 될지라 내가 피를 볼 때에 너희를 넘어가리니 재앙이 너희에게 내려 멸하지 아니하리라"(12:13)하신 "피가 뿌려졌는가" 여부로 구분이 된다는 점입니다.

그러면 영적 출애굽에 있어서는 세상과 성도가 무엇으로 구별이 되는지 형제는 말해줄 수가 있습니까? 교회 다니는 여부입니까? 주기도문을 암송하고 찬송을 부를 줄 아느냐 여부로 구분이 됩니까? 아닙니다. 이점을 사도 베드로는, "곧 하나님 아버지의 미리 아심을 따라 성령이 거룩하게 하심으로 순종함과 예수 그리스도의 피 뿌림을 얻기 위하여 택하심을 받은 자들"(벧전 1:2)이라고 말씀합니다. 이점이 출애굽 당시는 유월절 어린 양의 피로 주어졌고, 영적 출애굽 때는 "예수 그리스도의 피 뿌림"을 받았느냐의 여부로 구분이 된다는 것입니다.

그러면 "예수 그리스도의 피 뿌림"이 구체적으로 어떻게 이루어지는 것인가 하는 점입니다. "진리의 말씀 곧 너희의 구원의 복음을 듣고 그 안에서 또한 믿어 약속의 성령으로 인치심을 받았으니"(엡 1:13)한, 십자가 복음을 듣고 믿는 것을 의미합니다.

그런데 사도는, "그런즉 그들이 믿지 아니하는 이를 어찌 부르리요 듣지도 못한 이를 어찌 믿으리요 전파하는 자가 없이 어찌 들으리요"(롬 10:14)하고 안타까워합니다. 교회 안에 있는 사람들 중에도 십자가 복음, 즉 예수 그리스도의 피 뿌림을 받지 못한 사람들이 많이 있는 것입니다. 그러므로 십자가 복음을 무엇보다 우선적으로, 무엇보다 더 자주자주 전해주어야만 하는 것입니다. 왜냐하면 "이 세상의 신이 믿지 아니하는 자들의 마음을 혼미하게 하여 그리스도의 영광의 복음의 광채가 비치지 못하게"(고후 4:4)하기 때문인 것입니다.

②두 번째 주제로 바로의 타협안을 생각해보겠습니다.

바로가 다급해지자 모세와 아론을 불러, "너희는 가서 이 땅에서 너희 하나님께 제사를 드리라"(25)고 첫째 타협안을 제시합니다. 이는 애굽 땅에 붙잡아두려는 술책인 것입니다. 만일 이 타협안을 받아드린다면 어떻게 되는가? 이점에서 하나님께서 아브라함과 이삭과 야곱에게 세워주신 언약이 무엇인가를 상기하기를 바랍니다.

㉠ 자손(그리스도)을 주리라. ㉡ 땅(가나안)을 주리라. ㉢ 자손으로 말미암아 천하 만민이 복(구원)을 얻으리라는 세 가지로 요약이 되는 메시아언약을 세워주셨습니다. 하나님께서 이스라엘을 선민(選民)으로 택하신 목적은, 선민 이스라엘을 통하여 그리스도를 보내셔서 천하 만

민을 구원하시려는 계획을 갖고 계시기 때문이요, (가나안)땅을 주리라 하심은 그리스도가 태어나실 땅을 준비하심인데 바로, 즉 사탄은 악착같이 애굽에 붙잡아두려고 발악을 하고 있는 것입니다.

모세는 일언지하에 "그리함은 부당하니이다"(26)라고 거부합니다. 그렇습니다. 애굽에 머물면서 바로와 하나님을 동시에 주(主)로 섬긴다는 것은 불가한 것입니다. 그런데 현대교회의 실상은 어떠합니까? 이 타협안에 도장을 찍고 전과 같이 이제도 여전이 애굽에 머물면서 주를 섬기노라 하고 있는 것은 아닙니까?

자신이 애굽에 머물러 있는가 여부를 점검할 말씀이 있는데, "그 때에 너희는 그 가운데서 행하여 이 세상 풍조를 따르고 공중의 권세 잡은 자를 따랐으니 곧 지금 불순종의 아들들 가운데서 역사하는 영이라 전에는 우리도 다 그 가운데서 우리 육체의 욕심을 따라 지내며 육체와 마음의 원하는 것을 하여 다른 이들과 같이 본질상 진노의 자녀이었더니"(엡 2:2-3)합니다.

㉠ "이 세상 풍조를 따르고", 즉 불신자들의 생활방식대로 살아가고 있는가? 아니면 삶에 변화가 일어났는가?

㉡ "육체의 욕심을 따라 지내며", 즉 육신의 소욕대로 살아가고 있는가? 아니면 성령의 소욕대로 살기를 갈망하고 있는가? 형제의 대답은

무엇입니까?

ⓒ 대답 여하에 따라, "공중의 권세 잡은 자를 따랐으니", 즉 애굽에 머물러 있는가 여부가 판가름이 나는 것입니다. 그런데 "성도"라 하면서 많은 사람들이 사탄의 타협안에 승복하여 이 땅에 계속 머물면서 하나님을 섬기려하고 있는 것은 아닌지요?

모세가 일언지하에 거부하자 바로는 두 번째 타협안으로, "너무 멀리는 가지는 말라"(28)고 말합니다. 이는 보내기는 보내되 자신의 지배권 내에 붙잡아 두겠다는 술책인 것입니다. 사탄은 회유(懷柔)하기를 예수를 믿기는 믿되 "이 땅에서 믿어라", 즉 유별나게 믿지를 말아라, "너무 멀리는 가지 말라", 즉 적당히 믿으라고 속삭입니다.

하나님께서는 애굽에서 떠나게 하고, 다시는 돌아가지 못하게 하시려는 것입니다. 그런데 출애굽한 후에도 백성들은 "애굽으로 돌아가자(민 14:4), 우리가 애굽에 있을 때에는"(민 11:5) 하고 애굽을 못 잊어하고 있는 한심한 모습을 보게 되는데 이것이 우리의 모습은 아닌지요.

결론적으로, 바로의 타협안을 받아드린다면 어떻게 되는가? "내 백성과 네 백성 사이를 구별하리니"(23)하신 구별, 즉 성별(聖別)이 없어지게 되는 것입니다. 이점을 세속화라 말하는데 한국교회는, 그리고 나 자신은 바로의 타협안에 도장을 찍은 것은 아닌지 심각하게 고민해야 할 것입니다. 이것이 "하나님의 구별하심과 바로의 타협안"입니다.

온유한 주님의 음성 네 귀에 속삭이네

네 마음 문을 두드리니 곧 주님을 영접하라

피하지 말라 피하지 말라

우리가 곁길로 피해도 맘속에 오시리

심판 날 당할 때 주님을 너 맞을 준비해

맘속에 주님을 영접하라 주 영접하라. (529장)

출애굽기 11장 분석도표

주제 : 결정적인 표징을 보이시려는 하나님

한 가 지 재 앙

1-3

1 여호와께서 모세에게 이르시기를 <u>내가 이제 한 가지 재앙을</u>
바로와 애굽에 내린 후에야 <u>그가 너희를 여기서 내보내리라</u>

그가 너희를 내보낼 때에는 여기서 반드시 다 쫓아내리니
2 백성에게 말하여 사람들에게 각기 이웃들에게 **은금 패물을 구하게 하라** 하시더니
3 여호와께서 그 백성으로 애굽 사람의 은혜를 받게 하셨고 또 그 사람 모세는
애굽 땅에 있는 바로의 신하와 백성의 눈에 아주 위대하게 보였더라

구 별 하 심

4-8

4 모세가 바로에게 이르되 여호와께서 이와 같이 말씀하시기를
밤중에 내가 애굽 가운데로 들어가리니
5 <u>애굽 땅에 있는 모든 처음 난 것은</u> 왕위에 앉아 있는 바로의 장자로부터
맷돌 뒤에 있는 몸종의 장자와 모든
<u>가축의 처음 난 것까지 죽으리니</u>
6 애굽 온 땅에 전무후무한 큰 부르짖음이 있으리라

7 <u>그러나 이스라엘 자손에게는</u> **사람에게나** 짐승에게나 개 한 마리도 그 혀를 움직이지
아니하리니 여호와께서 애굽 사람과 이스라엘 사이를
<u>구별하는 줄을 너희가 알리라</u> 하셨나니
8 왕의 이 모든 신하가 내게 내려와 내게 절하며 이르기를 너와 너를 따르는 온 백성은
나가라 한 후에야 내가 나가리라 하고 심히 노하여 바로에게서 나오니라

완 악 하 게

9-10

9 여호와께서 모세에게 이르시기를 바로가 너희의 말을 듣지 아니하리라
그러므로 내가 애굽 땅에서 나의 기적을 더하리라 하셨고
10 모세와 아론이 이 모든 기적을 바로 앞에서 행하였으나
여호와께서 바로의 마음을 완악하게 하셨으므로
그가 이스라엘 자손을 그 나라에서 보내지 아니하였더라

결정적인 표징을 보이시려는 하나님

설교 작성노트

11장은 "내가 이제 한 가지 재앙을 바로와 애굽에 내린 후에야 그가 너희를 여기서 내보내리라"(1)는 말씀으로 시작이 된다. 그런데, "여호와께서 바로의 마음을 완악하게 하셨으므로 그가 이스라엘 자손을 그 나라에서 보내지 아니하였더라"(10)고 마치고 있다. 이는 무엇을 의미하느냐 하면 하나님은 "한 가지 재앙"을 보여주기를 원하신다는 것이다. 그래서 바로의 마음을 완악하게 하셨다는 것이다. 그러면 보이시려는 한 가지 재앙이 무엇인가? 이를 증언하려는 것이 내용목적이다.

그리고 한 가지 표징을, "네 아들과 네 자손의 귀에 전하기 위함이라"(10:1-2), 즉 "표징"을 잊지 않도록 자손 대대로 전해주라 하신다. 여기에 적용목적이 있다.

강론

먼저 물어야 할 점은 하나님께서 바로를 굴복시키기 위해서 열 가지 재앙이 동원되어야 했는가 하는 점입니다. 예를 들면 하나님의 펀치가 약해서 열 대를 때려야 비로소 바로를 K·O시킬 수가 있었는가 하는 점입니다. 아닙니다. 9:15절을 보십시오. "내가 손을 펴서 돌림병으로 너와 네 백성을 쳤더라면 네가 세상에서 끊어졌을 것이나", 즉 단번에 전멸시킬 수도 있었다는 것입니다.

이런 맥락에서 오늘 본문의 중심점은 "내가 이제 한 가지 재앙을 바로와 애굽에 내린 후에야 그가 너희를 여기서 내보내리라"(1)는 말씀에 있습니다. 하나님은 이 "한 가지 재앙"을 내린 후에야 보내게 될 것을 처음부터 알고 계셨습니다. 아신 것만이 아니라 처음부터 이를 보여주기 위해서 바로의 마음을 "완강하게 하셨다"고 말하는 것이 정확한 표현인 것입니다. 다시 말하면 "한 가지 재앙"을 극대화시켜서 자손 대대로 잊지 않게 하기 위해서 열 가지 재앙을 동원하셨다는 것이 됩니다.

하나님께서는 11장에 이르도록 애굽 천지에 아홉 가지 재앙을 내렸습니다. 그런데 그때마다 이상하게도 "여호와께서 바로의 마음을 완악하게 하셨음으로"(10) 보내지 않았다고 계속적으로 말씀하고 있다는 점입니다. 이는 무엇을 말해주고 있느냐 하면 하나님은 이 "한 가지 표징"을 "보여주시기를 원하고 원하셨다"는 것이 됩니다.

그래서 "한 가지 재앙을 표징"(表徵)(10:1)이라 하시면서

㉠ "바로에게로 들어가라 내가 그의 마음과 그의 신하들의 마음을 완강하게 함은 나의 표징을 그들 중에 보이기 위함이며",

㉡ "내가 애굽에서 행한 일들 곧 내가 그들 가운데에서 행한 표징을 네 아들과 네 자손의 귀에 전하기 위함이라 너희는 내가 여호와인 줄을 알리라"(10:1-2) 하십니다. 이처럼 "한 가지 표징"에 모든 이목과 관심을 집중시키기 위해서 아홉 가지 재앙은 엑스트라로 등장한 것이라고 말할 수가 있는 것입니다.

심지어 하나님은 바로를 가리켜 "내가 너(바로)를 세웠음은 나의 능력을 네게 보이고 내 이름이 온 천하에 전파되게 하려 하였음이니라"(9:16), 즉 바로까지도 이 "한 가지 표징"을 드러내기 위해서 세움을 받은 자라고 말씀하십니다. 바로가 아홉 가지 재앙에서 보냈다면 하나님께서 그토록 보여주시려는 "한 가지 표징"을 보여주실 수가 없었을 것이기 때문입니다. 그러므로 다시 강조합니다만 아홉 가지 재앙으로 안 되니까 한 가지 재앙을 마련하신 것이 절대로 아니라는 것입니다. 그러면 보여주시려는 "한 가지 표징"이 무엇인가요?

"애굽 땅에 있는 모든 처음 난 것은 왕위에 앉아 있는 바로의 장자로부터 맷돌 뒤에 있는 몸종의 장자와 모든 가축의 처음 난 것까지 죽으리니"(5) 하십니다. 이것이 "한 가지 재앙"인데 먼저 인식해야 할 점은,

"처음 난 것"을 심판하신다는 의미가 무엇인가 하는 점입니다. 여기서 "처음 난 것", 즉 장자(長子)란 대표성(代表性)을 나타내는 것입니다. 그러므로 애굽의 장자를 심판하신다는 것은 애굽의 모든 자를 심판하신다는 것과 같은 뜻인 것입니다.

"그러나 이스라엘 자손에게는 사람에게나 짐승에게나 개 한 마리도 그 혀를 움직이지 아니하리니 여호와께서 애굽 사람과 이스라엘 사이를 구별하는 줄을 너희가 알리라"(7) 하십니다. 8:23절에서도, "내가 내 백성과 네 백성 사이를 구별하리니" 하셨습니다.

그렇다면 애굽 집과 이스라엘 집을 무엇으로 구별하시는가? 여기에 죽고 사는 문제가 달렸는데, "나의 표징을 그들 중에 보이기 위함이며"(10:1) 하신 "표징"을 통해서 구별이 된다는 것입니다.

하나님께서 그토록 보여주기를 원하시는 그 "한 가지 표징"을 다음 장에서 보게 될 것입니다만 이 "표징"에 출애굽기의 핵심적인 주제가 있는 것입니다. 출애굽기는 이 "한 가지 표징"을 보여주기 위해서 기록이 되었다 해도 과언이 아닌 것입니다. 또한 이 "한 가지 표징"을 계시하시기 위해서 야곱에게, "애굽으로 내려가기를 두려워하지 말라"(창 46:3)하시면서 애굽으로 내려 보내셨던 것입니다.

그러므로 다른 재앙 때, 즉 "이스라엘 자손들이 있는 고센 땅에는 우박이 없었더라(9:26), 이스라엘 자손들이 거주하는 곳에는 빛이 있었더라"(10:23)고 구별하심을 받았다 하여도 "한 가지 표징"을 받지 못하여 애굽을 심판하시는 그 밤에 구별하심을 받지 못한다면 아무 소용이 없는 것입니다.

반대로 다른 구별, 즉 물질축복이나 병 고침 등에 구별하심을 받지 못했다 하여도 "한 가지 표징"으로 말미암아 심판의 날에 멸망을 당하지 않고 구원을 받기만 한다면 우리도 하박국 선지자처럼 고백할 수가 있는 것입니다.

비록 무화과나무가 무성 하지 못하며,
포도나무에 열매가 없으며,
감람나무에 소출이 없으며,
밭에 먹을 것이 없으며,
우리에 양이 없으며,
외양간에 소가 없을지라도,
나는 여호와를 말미암아 즐거워하며
나의 구원의 하나님으로 말미암아 기뻐하리로다. (합 3:17-18)

이처럼 하나님께서 보여주시기를 원하시는 "한 가지 표징"이 무엇인가? 주님께서 잡히시던 날 밤에, "내가 고난을 받기 전에 너희와 함께 이 유월절 먹기를 원하고 원하였노라"(눅 22:15)한, 그토록 원하신 이유가 무엇인가? 이점을 12장에서 보게 될 것입니다만, "그 피가 너희가 사는 집에 있어서 너희를 위하여 표적이 될지라 내가 피를 볼 때에 너희를 넘어가리니"(12:13)하신, 예수 그리스도의 보혈의 공로입니다. 이것이 "결정적인 표징을 보이시려는 하나님"입니다.

그 참혹한 십자가에 주 달려 흘린 피

샘물 같이 늘 흘러서 죄 씻어주시네

값없어도 다 나와서 내 죄를 고하면

흰 눈보다 더 희도록 참 성결 얻으리

나 믿노라 나 믿노라 그 보혈 공로를

흠 없어도 피 흘리사 날 구원 하셨네. (269장)

출애굽기 12:1-20 분석도표

주제 : 달의 시작, 해의 첫 달이 되게 하라

첫 달	**1-2** 1 여호와께서 애굽 땅에서 모세와 아론에게 일러 말씀하시되 2 이 달을 너희에게 달의 시작 곧 해의 첫 달이 되게 하고
유월절	**3-14** 3 너희는 이스라엘 온 회중에게 말하여 이르라 이 달 열흘에 너희 각자가 어린 양을 취할지니 각 가족대로 그 식구를 위하여 어린 양을 취하되 4 그 어린 양에 대하여 식구가 너무 적으면 그 집의 이웃과 함께 사람 수를 따라서 하나를 취하며 각 사람이 먹을 수 있는 분량에 따라서 너희 **어린 양**을 계산할 것이며 5 너희 **어린 양**은 흠 없고 일 년 된 수컷으로 하되 양이나 염소 중에서 취하고 6 이 달 열나흗날까지 간직하였다가 해 질 때에 이스라엘 회중이 그 양을 잡고 7 그 피를 양을 먹을 집 좌우 문설주와 인방에 바르고 8 그 밤에 그 고기를 불에 구워 무교병과 쓴 나물과 아울러 먹되 9 날것으로나 물에 삶아서 먹지 말고 머리와 다리와 내장을 다 불에 구워 먹고 10 아침까지 남겨두지 말며 아침까지 남은 것은 곧 불사르라 11 너희는 그것을 이렇게 먹을지니 허리에 띠를 띠고 발에 신을 신고 손에 지팡이를 잡고 급히 먹으라 이것이 여호와의 유월절이니라 12 내가 그 밤에 애굽 땅에 두루 다니며 사람이나 짐승을 막론하고 애굽 땅에 있는 모든 처음 난 것을 다 치고 애굽의 모든 신을 내가 심판하리라 나는 여호와라 13 내가 애굽 땅을 칠 때에 그 피가 너희가 사는 집에 있어서 너희를 위하여 표적이 될지라 내가 피를 볼 때에 너희를 넘어가리니 재앙이 너희에게 내려 멸하지 아니하리라 14 너희는 이 날을 기념하여 여호와의 절기를 삼아 영원한 규례로 대대로 지킬지니라
무교절	**15-20** 15 너희는 이레 동안 무교병을 먹을지니 그 첫날에 누룩을 너희 집에서 제하라 무릇 첫날부터 일곱째 날까지 유교병을 먹는 자는 이스라엘에서 끊어지리라 16 너희에게 첫날에도 성회요 일곱째 날에도 성회가 되리니 너희는 이 두 날에는 아무 일도 하지 말고 각자의 먹을 것만 갖출 것이니라 17 너희는 **무교절을 지키라** 이 날에 내가 너희 군대를 애굽 땅에서 인도하여 내었음이니라 그러므로 너희가 영원한 규례로 삼아 대대로 이 날을 지킬지니라 18 첫째 달 그 달 열나흗날 저녁부터 이십일일 저녁까지 너희는 **무교병을 먹을 것이요** 19 이레 동안은 **누룩이 너희 집에서 발견되지 아니하도록 하라** 무릇 유교물을 먹는 자는 타국인이든지 본국에서 난 자든지를 막론하고 이스라엘 회중에서 끊어지리니 20 너희는 아무 유교물이든지 먹지 말고 너희 모든 유하는 곳에서 무교병을 먹을지니라

달의 시작, 해의 첫 달이 되게 하라

설교 작성노트

하나님께서는 출애굽과 함께 "이 달을 너희에게 달의 시작 곧 해의 첫 달이 되게 하라"고 명하신다. 그리하여 이스라엘은 민간력과 신앙력 둘을 갖게 된 것이다. 민간력으로는 7월이요, 약력으로는 3-4월에 해당이 되는데 어찌하여 "첫 달이 되게 하라"고 월력을 바꾸어주셨는가? 이를 증언하고자 하는 것이 내용목적이요, 이처럼 "이전 것은 지나갔고 새것이 되었다"면, "너희는 아무 유교물이든지 먹지 말고 너희 모든 유하는 곳에서 무교병을 먹을지니라"(20), 즉 누룩 없는 삶을 살아야 한다는데 적용목적이 있다 하겠다.

　12장은 출애굽기에 있어서 중심장이요, 심장 부분이라 할 수가 있습니다. 그래서 몇 번에 나누어 증언하고자 합니다. 오늘은 "이 달을 너희에게 달의 시작 곧 해의 첫 달이 되게 하라"하신 2절에 초점을 맞추어 증언하고자 합니다.

　하나님께서는 "이 달을 너희에게 달의 시작 곧 해의 첫 달이 되게 하라"고 명하십니다. 그래서 하나님의 백성들은 두 가지 달력을 갖게 되었는데, 출애굽한 달이 민간력으로는 7월이었는데 신앙력으로는 정월(正月)이 되었던 것입니다. 이를 가나안식 이름으로 아빕월(바벨론식 이름으로는 니산월)이라고도 말합니다. 그러면 하나님께서 "이 달을 달의 시작 곧 해의 첫 달"이 되게 하라고 명하시는 의도가 무엇인가?

　하나님의 의도를 문맥을 통해서 깨닫게 되는데, "그 양을 잡고 그 피를 양을 먹을 집 좌우 문설주와 인방에 바르라"(6-7)하신 유월절과 관련이 있음을 깨닫게 됩니다. 그렇다면 "이 달을 너희에게 해의 첫 달이 되게 하라" 하시는 하나님의 의도는 분명해집니다. "그런즉 누구든지 그리스도 안에 있으면 새로운 피조물이라 이전 것은 지나갔으니 보라 새 것이 되었도다"(고후 5:17)는 의미인 것입니다.

　하나님께서, "너희를 속량하여 너희를 내 백성으로 삼겠다"(6:6-7)고 말씀하셨습니다. 그러니까 이전의 신분(身分)은 바로의 노예였는데 유월절 어린 양의 피로 속량을 받아 신분이 하나님의 백성으로 바뀌게 된 것입니다. 이런 맥락에서, "이 달을 해의 첫 달이 되게 하라"고 명하시는 의도는

　㉠ 첫째로, 신분이 바뀌었다는 점을 일깨워주기 위해서요

　㉡ 둘째는 "사백삼십 년이 끝나는 그 날에 여호와의 군대가 다 애굽 땅에서 나왔다"(12:43)한, "새로운 출발"을 의미하고

　㉢ 셋째로,"너희는 아무 유교물이든지 먹지 말고 너희 모든 유하는 곳에서 무교병을 먹을지니라"(20)한, 새로운 삶, 즉 하나님의 백성답게 살아야 한다는 점을 나타내고 있는 것입니다.

　창세기 4장에는 가인의 족보가 나오고, 5장에는 가인이 죽은 아벨 대신에 주신 셋의 족보가 나옵니다. 그런데 구별이 있습니다. 셋의 족보에는 언제 태어나서 언제 죽었다는 연대(年代)가 나옵니다만 가인의 족보에는 연대를 전혀 언급하고 있지 않다는 점을 발견하게 될 것입니다.

　왜 그러한가? 사탄을 추종하는 "뱀의 후손"의 삶이란, "그들의 총명이 어두워지고 그들 가운데 있는 무지함과 그들의 마음이 굳어짐으로 말미암아 하나님의 생명에서 떠나 있는"(엡 4:18) 상태요, "허물과 죄로 죽은"(엡 2:1) 삶이기 때문입니다. 한 마디로 "헛되게 산" 삶이라는 것입

니다.

그러했던 자들이 유월절 어린 양의 피로 속량함을 받아 해방이 되어 신분이 하나님의 백성으로 바뀌었고, 약속의 땅 가나안을 향하여 하나님과 동행하는 새로운 여정이 시작되었다면, "이 달을 너희에게 달의 시작 곧 해의 첫 달이 되게 하라"하심은 너무나 당연한 말씀인 것입니다. 하나님은 말씀하십니다. "내가 오늘 애굽의 수치를 너희에게서 떠나가게 하였다"(수 5:9).

이점을 신약성경에서는 "허물과 죄로 죽었던 너희를 살리셨도다"(엡 2:1)고 말씀하고, "그런즉 누구든지 그리스도 안에 있으면 새로운 피조물이라 이전 것은 지나갔으니 보라 새 것이 되었도다"(고후 5:17)고 선언합니다. 얼마나 자상하신 하나님이십니까? 형제에게도 "달의 시작 곧 해의 첫 달"이 되게 하라는, "전과 이제"의 전환점(轉換點)이 있었겠지요?

이런 맥락에서 바울 서신에는 "그 때와 이제", "전에와 이제부터"(엡 2:2, 3, 11, 12, 13, 19), 즉 그리스도를 만나기 전과 만난 이후를 대조시켜 권면하는 것을 발견하게 됩니다. 그렇습니다. 바울의 시간은, "오전과 오후"가 극명하게 대조되어 있습니다. 그가 주님을 만난 시간은 정오(正午)였다고 진술하는데 그리스도를 만나기 이전의 오전(午前) 시간은 "내가 전에는 비방자요 박해자요 폭행자였으나"(딤전 1:13) 한 박해자였으나 그리스도를 만나고 난 이후의 오후(午後) 시간은, "내가 이 복음을 위하여 선포자와 사도와 교사로 세우심을 입었노라"(딤후 1:11)한 복음 전도자가 되어 극적으로 대조를 이루고 있습니다. 이런 대조는 모든 그리스도인들에게도 적용이 되는 전환점(轉換點)인 것입니다.

그 한 예를 "야곱"에게서 볼 수가 있습니다. 얍복 나루에 홀로 남아 밤이 새도록 하나님과 씨름한 야곱에게, "네 이름을 다시는 야곱이라 부를 것이 아니요 이스라엘이라 부를 것이라"(창 32:28)고 새로운 이름이 주어졌습니다. 야곱은 "야곱"이라는 수치스러운 이름으로 떠났다가 이스라엘이라는 영광스런 신분이 되어 돌아오게 되었고, 홀몸으로 떠났다가 족장들이 될 열두 아들을 데리고 돌아오게 된 것입니다. 이 장면은 "야곱이 이스라엘"이 되는 전환점이었던 것입니다. "그가 브니엘을 지날 때에 해가 돋았고 그의 허벅다리로 말미암아 절었더라"(창 32:31)합니다. "해가 돋았다"! 그렇습니다. 야곱에게는 이 경험이 "달의 시작 곧 해의 첫 달"이 되는 전환점이었던 셈입니다.

모든 그리스도인들은 이와 같은 전환점을 경험한 자들인 것입니다. 그래서 바울은 이를 망각하고 있는 고린도교회를 향해서, "성도가 세상을 판단할 것을 너희가 알지 못하느냐, 우리가 천사를 판단할 것을 너희가 알지 못하느냐"(고전 6:2-3)고 그들의 정체성을 일깨워주었던 것입니다.

본문에서도 "신분이 바뀌고, 월력이 바뀌고, 새로운 출발"을 하게된 자들에게 정체성을 잊지 않도록 하기 위해서 두 가지를 명하십니다. 14절과 15절을 주목해 보시기 바랍니다.

㉠ 14절에서는 "너희는 이 날(유월절)을 기념하여, 대대로 지킬지니라"고 유월절을 잊지 않도록 하라 하십니다. 이는 "내가 나 된 것은 하나님의 은혜로 된 것이니"(고전 15:10)한 "오직 은혜"임을 잊지 않게 하시려는 것입니다.

㉡ 15절에서는 "너희는 무교병을 먹을지니, 누룩을 너희 집에서 제하라"고 명하십니다. 이는 구별 된 삶을 살아야 할 성별을 의미합니다. 우리는 "유월절과 유교병"을 함께 먹을 수는 없는 것입니다. 이점을 신약성경은, "너희는 누룩 없는 자인데 새 덩어리가 되기 위하여 묵은 누룩을 내버리라 우리의 유월절 양 곧 그리스도께서 희생되셨느니라"(고전 5:7)고 말씀하면서, "너희 몸이 그리스도의 지체인 줄을 알지 못하느냐 내가 그리스도의 지체를 가지고 창녀의 지체를 만들겠느냐 결코 그럴 수 없느니라"(고전 6:15)고 경계합니다.

미국인은 "진주만(眞珠灣)을 생각하라"고 말하고, 유대인들은 "용서해줘라 그러나 잊지는 말자"고 말합니다. 신앙생활이 무미건조합니까? 형제의 "그 때와 이제"를 생각해보시기를 바랍니다. "그 때에 너희는 그리스도 밖에 있었고 이스라엘 나라 밖의 사람이라 약속의 언약들에 대하여는 외인이요 세상에서 소망이 없고 하나님도 없는 자이더니, 이제는 전에 멀리 있던 너희가 그리스도 예수 안에서 그리스도의 피로 가까워졌느니라"(엡 2:12) 합니다.

형제의 신분(身分)은 "하나님의 자녀요", 지위(地位)는 "왕 같은 제사장이요", 형제의 위치(位置)는 "사망에서 생명으로 옮겨졌다"는 점을 명심하십시다. 이것이 "달의 시작, 해의 첫 달이 되게 하라"는 의미입니다.

옳은 길 따르라 의의 길을 세계 만민의 참된 길

이 길 따라서 살기를 온 세계에 전하세 만맥성이 나갈 길

어둔 밤 지나고 동 튼다 환한 빛 보아라 저 빛

주 예수의 나라 이 땅에 곧 오겠네 오겠네. (516장)

출애굽기 12:1-14 분석도표

주제 : 하나님이 보여주시려는 한 가지 표징

첫 달	**1-2** 1 여호와께서 애굽 땅에서 모세와 아론에게 일러 말씀하시되 2 　　　　**이 달을 너희에게 달의 시작 곧 해의 첫 달이 되게 하고**
여 호 와 의 유 월 절	**3-11** 3 너희는 이스라엘 온 회중에게 말하여 이르라 **이 달 열흘에 너희 각자가 어린 양을 취할지니** 　　　　각 가족대로 그 식구를 위하여 어린 양을 취하되 4 그 어린 양에 대하여 식구가 너무 적으면 그 집의 이웃과 함께 사람 수를 따라서 하나를 취하며 　각 사람이 먹을 수 있는 분량에 따라서 너희 어린 양을 계산할 것이며 5 **너희 어린 양은 흠 없고 일 년 된 수컷으로 하되** 양이나 염소 중에서 취하고 6 이 달 열나흘 날까지 간직하였다가 해 질 때에 7 　　　　　이스라엘 회중이 그 양을 잡고 　　　　　그 피를 양을 먹을 집 좌우 문설주와 인방에 바르고 8 그 밤에 그 **고기를 불에 구워** 무교병과 쓴 나물과 아울러 먹되 9 날것으로나 물에 삶아서 먹지 말고 머리와 다리와 내장을 **다 불에 구워 먹고** 10 아침까지 남겨두지 말며 아침까지 남은 것은 곧 불사르라 11 너희는 그것을 이렇게 먹을지니 　허리에 띠를 띠고 발에 신을 신고 　　　　　손에 지팡이를 잡고 급히 먹으라 　　　　　이것이 여호와의 유월절이니라
영 원 한 규 례	**12-14** 12 내가 그 밤에 애굽 땅에 두루 다니며 사람이나 짐승을 막론하고 애굽 땅에 있는 **모든 처음 난 것을** 다 치고 **애굽의 모든 신을 내가 심판하리라** 나는 여호와라 13 　　　내가 애굽 땅을 칠 때에 　그 피가 너희가 사는 집에 있어서 　　　　　너희를 위하여 표적이 될지라 　　　　　내가 피를 볼 때에 너희를 넘어가리니 　　　재앙이 너희에게 내려 멸하지 아니하리라 14 너희는 이 날을 기념하여 여호와의 절기를 삼아 　　　　　영원한 규례로 대대로 지킬지니라

하나님이 보여주시려는 한 가지 표징

설교 작성노트

드디어 하나님께서 보여주시려는 "한 가지 표징"을 말씀하신다. "어린 양을 취하여, 잡아, 그 피를 집 좌우 문설주와 인방에 바르라" 하신다. 왜냐하면 애굽을 심판하실 때에, "그 피가 표적(表迹)이 되어 내가 피를 볼 때에 너희를 넘어가리라", 즉 멸하지 않게 되기 때문이라 하신다. 이것이 바로의 노예로 전락한 이스라엘이 출애굽 하는 것이 어떤 방도로 가능했는가를 보여주시려는 표징(表徵)인데 이를 증언하려는 것이 내용목적이다.

이점에서 유념해야 할 점은 "피"는 유월절 어린 양이 흘렸으나, 이 피를 집 좌우 문설주와 인방에 발라야 하는 것은 우리가 행해야 할 책임이라는 점이다. 여기에 적용목적이 있는 것이다.

강론

　　12장은 출애굽기의 심장 부분이라고 말할 수가 있습니다. 왜냐하면 바로의 노예에서 출애굽하는 것이 어떤 방도로 가능했는가 하는 "한 가지 표징"을 계시하고 있기 때문입니다. 이는 사탄의 노예인 우리가 어떤 방도로 영적 출애굽을 하게 되는가 하는 우리들의 이야기인 것입니다.

　　하나님은 모세에게, "이 달 열흘에 너희 각자가 어린 양을 취하되(3), 흠 없는 것으로 취하라"(5), 그리하여 "열 나흗날까지 간직하였다가 해 질 때에 그 양을 잡아(6), 그 피를 집 좌우 문설주와 인방에 바르라"(7)고 명하십니다.

　　왜냐하면 하나님께서 애굽을 심판하실 때에 "피"가 표적이 되어, "피를 볼 때에 너희를 넘어갈" 것이기 때문이라는 것입니다. 그러니까 어린 양의 피가 뿌려져 있느냐의 여부가 이스라엘 집과 애굽의 집을 "구별"(11:7)하는 표적이었던 것입니다.

　　이점에서 명심해야 할 점은 "뿌려진 피"는 애굽 사람과 이스라엘 자손을 구별(區別)만 해주는 단순한 표적이 아니라는 점입니다. 만일 구별하기 위한 표적만을 위해서라면 다른 방법으로도 가능했을 것입니다. 구태여 양을 잡아서 피를 뿌리라 하실 이유가 없었을 것입니다.

　　그러므로 요절은 13절입니다.

㉠ "내가 애굽 땅을 칠 때에", 즉 심판하실 때에,

㉡ "그 피가 너희가 사는 집에 있어서 너희를 위하여 표적이 될지라",

㉢ "내가 피를 볼 때에 너희를 넘어가리니",

㉣ "재앙이 너희에게 내려 멸하지 아니하리라".

하나님께서는 이 표적을 계시하기 위해서 야곱에게, "애굽으로 내려가기를 두려워 말라"고 애굽으로 내려 보내셨고, 바로도 세우셨으며(9:16), 모세로 하여금 출애굽기를 기록하여 후대에 전해주게 하신 목적이 여기에 있었던 것입니다. 그러면 이토록 계시하시려는 중요한 진리가 무엇인가?

핵심은 "피"에 있는데 형제는 어찌하여 "내가 피를 볼 때에 너희를 넘어가리니" 하시는지 말해줄 수가 있습니까? ㉠ 생명이 피에 있고, ㉡ "흘린 피"는 죽음을 의미합니다. 이런 맥락에서 대문에 "피가 뿌려졌다"는 것은 이 집에는 이미 심판을 받아 죽임을 당했다는 증거가 되었던 것입니다.

그렇습니다. 이스라엘 집에서도 죽음은 있었습니다. 다만 "유월절 어린 양"이 대신 죽임을 당했을 따름입니다. 이점을 "뿌려진 피"가 말해주고 있었던 것입니다. 그러므로 피가 뿌려져 있느냐 없느냐는 구별만 해주는 것이 아니라 유월절 어린 양이 "나 대신 죽었다는 것을 믿느냐? 아니면 내가 죽느냐”하는 생(生)과 사(死)가 갈라지게 하는 표적이었던 것입니다.

이점에서 중요한 요점이 등장하게 되는데 애굽 땅에 우박 재앙을 내리실 때는 “이스라엘 자손들이 있는 고센 땅에는 우박이 없었더라”(9:26) 했고, 흑암 재앙을 내리실 때도, “온 이스라엘 자손들이 거주하는 곳에는 빛이 있었더라”(10:23) 했습니다.

그러면 “애굽 땅에 있는 모든 처음 난 것은”(11:5) 다 죽었으되 이스라엘 집에는 죽음이 없었더라 하면 될 것이 아닌가? 그런데 어찌하여 “어린 양을 잡아서 그 피를 뿌리라 피를 볼 때에 넘어가리라” 하신 의도가 무엇인가 하는 점입니다.

㉠ “애굽 땅에 있는 모든 처음 난 것”(12), 즉 “장자”(長子)란 대표성을 나타내고 ㉡ “멸하시겠다” 하심은 심판을 의미합니다. 그런데 심판을 받아 마땅한 죄인은 애굽 사람들만이 아닌 것입니다. “그러면 어떠하냐 우리는 나으냐 결코 아니라 유대인이나 헬라인이나 다 죄 아래에 있다고 우리가 이미 선언하였느니라”(롬 3:9) 한, 이스라엘 백성도, 그리고 우리도 예외는 아니라는 점을 인식해야만 합니다.

어찌하여 “피”, 즉 죽음을 표정으로 삼으셔야만 했는가? “죄 값은 사망이요, 피 흘림이 없은즉 사함이 없기”(히 9:22) 때문입니다. 그러므로 하나님께서 그토록 보여주기를 원하시고, "네 아들과 네 자손의 귀에 전하기를"(10:2) 원하신 표징은 출애굽이라는 예표를 통해서, "우리의 유월절 양 곧 그리스도께서 희생되셨느니라"(고전 5:7) 한 영적 출애굽이 어떻게 해서 가능해지는가 하는 십자가복음이었던 것입니다. 네 개의 복음서도 초점이 어디에 맞춰져 있는가를 확인하시기를 바랍니다.

㉠ 마태복음 : "너희가 아는 바와 같이 이틀이 지나면 유월절이라 인자가 십자가에 못 박히기 위하여 팔리리라 하시더라"(마 26:2)

㉡ 마가복음 : "이틀이 지나면 유월절과 무교절이라 대제사장들과 서기관들이 예수를 흉계로 잡아 죽일 방도를 구하며"(막 14:1)

㉢ 누가복음 : "유월절이라 하는 무교절이 다가오매 대제사장들과 서기관들이 예수를 무슨 방도로 죽일까 궁리하니"(눅 22:1-2)

㉣ 요한복음 : "유월절 전에 예수께서 자기가 세상을 떠나 아버지께로 돌아가실 때가 이른 줄 아시고 세상에 있는 자기 사람들을 사랑하시되 끝까지 사랑하시니라"(요 13:1).

확인을 하셨습니까? 출애굽기도 초점이 유월절 어린 양에게 맞춰져 있고, 영적 출애굽인 복음서도 초점이 세상 죄를 지고 가는 하나님의 어린 양에게 맞춰져 있는 것입니다. 하나님께서는 이를 보여주시기를 원하고 원하셨습니다. 그리고 "네 아들과 네 자손의 귀에 전하기 위함이라"(출 10:2), 즉 전해주어 잊지 않게 되기를 원하셨던 것입니다. 그런데 구약교회는 어떠했으며, 현대교회는 어떻게 하고 있는가를 심각하게 고민해야하는 것입니다.

이점에서 대문에 뿌려진 피는 백성들 보라고 뿌린 것이 아니라 하나님 보시기 위하여 뿌려졌다는 점을 인식해야만 합니다. 어찌하여 "내가 피를 볼 때에 너희를 넘어가리니" 하시는가? 여기에 하나님의 공의(公義)와 결부되는 중대한 진리가 있는 것입니다. 하나님 앞에 심판을 받아 마땅한 것은 애굽 사람들만이 아니라 이스라엘도 마찬가지였던 것입니다. 그런데 어떻게 "넘어가실 수가" 있었단 말인가? "피"를 보시고 넘어가신 것입니다.

하나님은 우리를 구원하여 주시되 하나님의 의로우심에 손상을 입으시면서 행해주신 것이 절대로 아닙니다. 우리에게 쏟으셔야 할 정죄와 심판을 자기 아들에게 대신 쏟으시고 정정당당히 행해주신 행사였던 것입니다.

이점을 시편에서는, "그의 손이 하는 일은 진실(眞實)과 정의(正義)이며 그의 법도는 다 확실하니 영원무궁토록 정하신 바요 진실(眞實)과 정의(正義)로 행하신 바로다" 합니다. 이처럼 "진실과 정의"로 행해주신 여호와의 행사가 무엇인가? "여호와께서 그의 백성을 속량하시며 그의 언약을 영원히 세우셨으니"(시 111:7-9)한, 아브라함과 다윗에게 언약(言約)하신 대로 "그의 백성을 속량"하신 일입니다. 이것이 "내가 피를 볼 때에 너희를 넘어가리니" 하신 신학적인 의미인 것입니다.

이점을 신약성경은 예수 그리스도를, "그로 많은 형제 중에서 맏아들이 되게 하려 하심이니라"(롬 8:29), 즉 장자가 되게 하셔서, "그의 피로써" 화목제물로 세우셨으니, "그로 말미암아 진노(震怒)하심에서 구원을 받게"(롬 3:25, 5:9) 되었다고 말씀합니다.

바로의 노예였던 자들이 자유함을 얻고, 하나님의 백성으로 신분이 바뀔 수 있는 방도는 그냥 되는 것이 아니라, "너희를 속량하여 너희를 내 백성으로 삼고 나는 너희의 하나님이 되리니"(6:6-7) 하신 구속(救贖)으로 말미암아서만이 가능하여진다는 점에 확고해야만 합니다.

이점에서 현대교회가 놓치고 있는 중요한 요점이 등장하는데, "죽임을 당한", 즉 피를 흘린 것은 유월절 어린 양이지만, 이 피를 대문에 "뿌려야"하는 것은 우리가, 특히 설교자가 행해야 할 책임이라는 점입니다. 만일 이스라엘 집에서도 누군가가 하나님의 행사를 불신하고 그 피를 뿌리지 않았다면 어떻게 되었을 것인가를 생각해보시기를 바랍니다.

그러면 "그 피를 양을 먹을 집 좌우 문설주와 인방에 바르고"(7) 하신 예표가 신약의 성도들에게는 어떻게 적용이 되는가? 사도 베드로는 그리스도인들을, "예수 그리스도의 피 뿌림을 얻기 위하여 택하심을 입은 자들"(벧전 1:2)이라고 말씀합니다. 그러면 예수 그리스도의 피가 우리에게 뿌려지는 방도는 무엇인가? "

이점을 바울 사도는, "그런즉 그들이 믿지 아니하는 이를 어찌 부르리요 듣지도 못한 이를 어찌 믿으리요 전파하는 자가 없이 어찌 들으리요"(롬 10:14), 즉 십자가 복음을 전해주어야 한다는 점입니다. 하나님의 아들 그리스도께서 나의 죄를 위하여 나대신 죽임을 당하셨다는 십자가 복음을 전해줄 때에 이를 듣고 믿는 것이 "피 뿌림"을 받는 방도인 것입니다. 이점을 주님은, "내 살을 먹고 내 피를 마시는 자는 영생을 가졌고 마지막 날에 내가 그를 다시 살리리니"(요 6:54), 즉 십자가 복음을 받아먹어야 한다고 말씀하십니다.

유월절이라는 예표를 통해서 말씀하시려는 계시는 분명해졌습니다. "그가 우리를 대신하여 자신을 주심은 모든 불법에서 우리를 속량하시고 우리를 깨끗하게 하사 선한 일을 열심히 하는 자기 백성(百姓)이 되게 하려 하심이라"(딛 2:14) 한 복음을 계시하기 위해서였던 것입니다.

결론적으로 본문이 우리에게 적용이 되는 바는 분명해진 것입니다. "너희가 이 떡을 먹으며 이 잔을 마실 때마다 주의 죽으심을 그가 오실 때까지 전하는 것이니라"(고전 11:26)한, 전하고 또 전하고, 전해주는 일입니다. 복음을 한번 두번 전한다고 옥토에 떨어지는 것은 아닙니다. 왜냐하면, "이 세상의 신", 즉 사탄이 "믿지 아니하는 자들의 마음을 혼미하게 하여 그리스도의 영광의 복음의 광채가 비치지 못하게"(고후 4:4) 하기 때문입니다.

주님께서 "내가 고난을 받기 전에 너희와 함께 이 유월절 먹기를 원하고 원하였노라"(눅 22:15)하신 말씀을 대하면서 형제의 깨달음은 무엇입니까? 주님은 자신이 "유월절 어린 양"으로 우리 대신 죽임을 당하셨다는 십자가 복음을 증언해 주기를 "원하고 원하신다"는 점입니다. 이것이 "내 증인이 되리라"하신 설교자들이 힘써야 할 사명입니다.

그리하여 "저가 모든 사람을 대신하여 죽으심은 산 자들로 하여금 다시는 저희 자신을 위하여 살지 않고 오직 저희를 대신하여 죽었다가 다시 사신 자를 위하여 살게 하려 함이니라"(고후 5:15) 한, 인생의 전환점을 경험한 그리스도의 제자들이 되게 하는 일입니다. 이것이 "피를 볼 때에 너희를 넘어가리라"는 의미입니다.

> 영화로운 주 예수의 십자가를 생각하면
>
> 세상 부귀 모든 영화 분토만도 못하도다
>
> 오 갈보리 오 갈보리 주 예수 나를 위하여
>
> 십자가에 못 박히신 보배로우신 나의 주. (148장)

출애굽기 12:24-41 분석도표

주제 : 첫 유월절과 마지막 유월절

<table>
<tr><td rowspan="1">이 예식이 무슨 뜻이냐</td><td>

24-28

24 너희는 이 일을 규례로 삼아 너희와 너희 자손이   **영원히 지킬 것이니**

25 너희는 여호와께서 허락하신 대로 너희에게 주시는 땅에 이를 때에   **이 예식을 지킬 것이라**

26 이 후에 너희의 자녀가 묻기를   **이 예식이 무슨 뜻이냐 하거든**

27 너희는 이르기를 이는 여호와의 유월절 제사라 여호와께서 애굽 사람에게 재앙을 내리실 때에

애굽에 있는 **이스라엘 자손의 집을 넘으사 우리의 집을 구원하셨느니라 하라**

하매 백성이 머리 숙여 경배하니라

28 이스라엘 자손이 물러가서 그대로 행하되 여호와께서 모세와 아론에게 **명령하신 대로**

행하니라

</td></tr>
<tr><td rowspan="1">가서 여호와를 섬기라</td><td>

29-36

29 밤중에 여호와께서 **애굽 땅에서 모든 처음 난 것** 곧 왕위에 앉은 바로의 장자로부터

옥에 갇힌 사람의 장자까지와 가축의 **처음 난 것을 다 치시매**

30 그 밤에 바로와 그 모든 신하와 모든 애굽 사람이 일어나고 애굽에 큰 부르짖음이 있었으니

이는 그 나라에 **죽임을 당하지 아니한 집이 하나도 없었음이었더라**

31 밤에 바로가 모세와 아론을 불러서 이르되

너희와 이스라엘 자손은 일어나 내 백성 가운데에서 떠나

너희의 말대로 가서 여호와를 섬기며

32 너희가 말한 대로 너희 양과 너희 소도 몰아가고 나를 위하여 축복하라 하며

33 애굽 사람들은 말하기를 우리가 다 죽은 자가 되도다 하고

그 백성을 재촉하여 그 땅에서 속히 내보내려 하므로

34 그 백성이 발교되지 못한 반죽 담은 그릇을 옷에 싸서 어깨에 메니라

35 이스라엘 자손이 모세의 말대로 하여 애굽 사람에게 은금 패물과 의복을 구하매

36 여호와께서 애굽 사람들에게 이스라엘 백성에게 은혜를 입히게 하사

그들이 구하는 대로 주게 하시므로 그들이 애굽 사람의 물품을 취하였더라

</td></tr>
<tr><td rowspan="1">여호와의 군대</td><td>

37-41

37 이스라엘 자손이 라암셋에서 발행하여 숙곳에 이르니 유아 외에

보행하는 장정이 육십만 가량이요

38 **중다한 잡족과** 양과 소와 심히 많은 생축이 그들과 함께하였으며

39 그들이 가지고 나온 발교되지 못한 반죽으로 무교병을 구웠으니 이는 그들이

애굽에서 쫓겨남으로 지체할 수 없었음이며 아무 양식도 준비하지 못하였음이었더라

40 이스라엘 자손이 애굽에 거주한 지   **사백 삼십년이라**

41 **사백 삼십년이 마치는 그 날에**   **여호와의 군대가 다 애굽 땅에서 나왔은즉**

</td></tr>
</table>

첫 유월절과 마지막 유월절

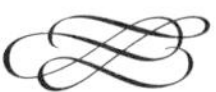

설교 작성노트

우리나라는 36년 만에 해방을 맞이했는데 드디어, "사백 삼십년이 마치는 그 날에 여호와의 군대가 다 애굽 땅에서 나왔은즉"(41) 하고, 출애굽을 하게 된다. 성경은 문제에 대한 해답으로 주어졌다. 그런데 출애굽이 근본적인 문제에 대한 해답이 아니라는 점을 인식한다는 것은 중요한 요점이다. 주님은, "내 아버지께서 이제까지 일하시니 나도 일한다"(요 5:17)고 말씀하셨는데 하나님의 일하심은 출애굽이 아닌 것이다.

출애굽은 영적 출애굽을 계시하기 위해서 마련된 예표였던 것이다. 그러므로 신약성경은 모세의 사명을, "장래에 말할 것을 증언하기 위하여"(히 3:5) 세움을 받은 자라 하신다. 하나님은 "유월절 어린 양"의

실체이신 그리스도를 대망케 하기 위해서 유월절 규례를, "너희 자손이 영원히 지키라"(24)고 명하시는데, 예표로 주어진"첫 유월절"과 이에 대한 성취인 "마지막 유월절"이 언제인가를 증언하려는 것이 내용목적이다.

그리고 "사백삼십 년이 끝나는 그 날에 여호와의 군대가 다 애굽 땅에서 나왔다"(41)고, 바로의 노예였던 자들이 "여호와의 군대"가 되었다는데 적용목적이 있다.

강론

성경은 문제에 대한 해답으로 주어진 것입니다. 그러면 문제가 무엇인가? "한 사람으로 말미암아 죄가 세상에 들어오고 죄로 말미암아 사망이 들어왔나니"(롬 5:12) 한 "죄, 사망"이 문제요, 이로 말미암아 "죽기를 무서워하므로 한평생 매여 종노릇 하는"(히 2:15), 이것이 문제인 것입니다. 주님께서 베데스다 못가에 누워있던 38년 된 병자에게, "일어나 네 자리를 들고 걸어가라"하신 이날은 안식일이었다고 말씀합니다. 그래서 유대인들은 안식일을 범한다고 비난을 했습니다. 이 때 주님은, "내 아버지께서 이제까지 일하시니 나도 일한다"(요 5:17)고 응수하셨습니다.

그러면 하나님께서 하시는 일이 무엇인가? 그것은 출애굽이 아님니다. 출애굽은 문제에 대한 근본적인 해답이 아니라, 영적 출애굽에 대한 예표로 주어진 것입니다. 다시 상기시키면서 강조합니다만 바로의 노예였던 자들이 어떤 방도에 의해서 해방이 될 수가 있었는가? 아홉 가지 재앙으로 된 것인가? 아닙니다. "울어도 못하네, 힘써도 못하네, 참아도 못하네, 아홉 가지 재앙으로도 못하네", 오직 "믿으면 하겠네" 한, 유월절 어린 양의 피로 가능해진 것입니다.

본문은 모세가 하나님께 받은 말씀을 백성들에게 대언을 하는 내용인데 이를 통해서, "오직 성령이 너희에게 임하시면 너희가 권능을 받고 예루살렘과 온 유대와 사마리아와 땅 끝까지 이르러 내 증인이 되리라"(행 1:8)하신, 그리스도의 증인들이 증언해야 할 핵심적인 내용이 무엇인가를 깨닫기를 원하는 것입니다.

모세는 대언하기를, "너희는 나가서 너희 가족대로 어린 양을 택하여 유월절 양으로 잡고 너희는 우슬초 묶음을 취하여 그릇에 담은 피에 적시어서 그 피를 문 인방과 좌우 설주에 뿌리고 아침까지 한 사람도 자기 집 문밖에 나가지 말라"(21-22)고 전해주었던 것입니다. 세 마디로 되어 있습니다.

㉠ "유월절 양을 잡아라",
㉡ "그 피를 문 인방과 좌우 설주에 뿌리라",

ⓒ "한 사람도 자기 집 문밖에 나가지 말라" 합니다.

이는 모세가 임의로 한 말이 아니라 하나님께서 백성들에게 전해 주라고 명하신 말씀을 대언한 것입니다. 그런데 신약성경은 놀랍게도 "모세는 장래에 말할 것을 증언하기 위하여 하나님의 온 집에서 종으로서 신실하였고"(히 3:5), 즉 모세의 사명이 "장래에 말할 것을 증언하기 위하여" 세움을 받은 자라고 말씀합니다.

또한 주님은 "모세를 믿었더라면 또 나를 믿었으리니 이는 그가 내게 대하여 기록하였음이라"(요 5:46)고 말씀하십니다. 우리가 상고하고 있는 출애굽기는 모세가 기록한 것입니다.

그러면 모세가 증언한 "장래에 말할 것"이 무엇인가? "우리의 유월절 양 곧 그리스도께서 희생이 되셨느니라"(고전 5:7) 한, 그리스도께서 "유월절 어린 양"이 되실 것을 증언한 것입니다.

주님은 "모세가 내게 대하여 기록하였음이라"고 말씀하셨는데 모세는 주님의 무엇에 "대하여" 기록하였는가? 교훈이 아닙니다. 죽은 나사로를 살리셨다는 기사이적이 아닙니다. 오병이어의 축복도 아닙니다. "성경대로 그리스도께서 우리 죄를 위하여 죽으실"(고전 15:3) 것이었습니다.

㉠ "유월절 양을 잡아라",

㉡ "그 피를 문 인방과 좌우 설주에 뿌리라",

㉢ "한 사람도 자기 집 문밖에 나가지 말라"한 그리스도께서 우리의 대속제물이 되실 것을 증언했고 기록한 것입니다.

27-28절을 보십시오. "이는 여호와의 유월절 제사라 여호와께서 애굽 사람에게 재앙을 내리실 때에 애굽에 있는 이스라엘 자손의 집을 넘으사 우리의 집을 구원하셨느니라 하라 하매 백성이 머리 숙여 경배하니라(27), 이스라엘 자손이 물러가서 그대로 행하되 여호와께서 모세와 아론에게 명령하신 대로 행하니라"(28) 합니다.

㉠ 그러면 우리가 할 일은 무엇이니까? 하나님의 아들이 십자가에서 흘린 피를 성도들의, "마음 문 인방과 좌우 설주"에 뿌려야 하는 것입니다. 왜냐하면 그래야 유월절 어린 양이 내 죄를 대속하기 위하여 흘린 피가 내게 효험(效驗)이 되기 때문입니다. 주님께서 대속의 피를 흘려주셨다 해도 그 피가 내게 뿌려지지 않으면 나와는 상관이 없는 것이 되고 맙니다.

㉡ 그리고 "피"를 뿌린 후에 "한 사람도 자기 집 문밖에 나가지 말라"한 복음을 보수하는 일입니다. 다시 말하면 그리스도 안에 복음 안에 머물러 있어야만 합니다. 밖에는 구원이 없습니다. 피가 뿌려진 대문

안에만 구원이 있습니다. 홍수심판 당시도 방주 안에만 안전했습니다. 이것이 "증인들이 증언해야 할" 십자가 복음인 것입니다.

이런 맥락에서 4복음서의 초점이 어디에 맞춰져 있는가를 주목해야만 합니다. 네 개의 복음서의 강조점과 초점이 어디에 맞춰져 있는가를 확인하시기를 바랍니다. 오늘날 열을 올리고 있는 "교훈·기사이적·오병이어·축복·자기 계발"같은 것이 아닙니다.

㉠ 마태복음 : "너희가 아는 바와 같이 이틀이 지나면 유월절이라 인자가 십자가에 못 박히기 위하여 팔리리라 하시더라"(마 26:2)

㉡ 마가복음 : "이틀이 지나면 유월절과 무교절이라 대제사장들과 서기관들이 예수를 흉계로 잡아 죽일 방도를 구하며"(막 14:1)

㉢ 누가복음 : "유월절이라 하는 무교절이 다가오매 대제사장들과 서기관들이 예수를 무슨 방도로 죽일까 궁리하니"(눅 22:1-2)

㉣ 요한복음 : "유월절 전에 예수께서 자기가 세상을 떠나 아버지께로 돌아가실 때가 이른 줄 아시고"(요 13:1),

모두가 "유월절"에 맞혀져 있다는 점을 명심, 또 명심해야만 합니다.

"밤중에 여호와께서 애굽 땅에서 모든 처음 난 것 곧 위에 앉은 바로의 장자로부터 옥에 갇힌 사람의 장자까지와 생축의 처음 난 것을 다 치시매"(29), "피가 뿌려진 집"은 '건널 유(逾), 넘을 월'(越), 유월하신 것은 물론입니다.

바로가 얼마나 급했으면 그 밤에 바로가 모세와 아론을 불러서 말하기를 "너희와 이스라엘 자손은 일어나 내 백성 가운데에서 떠나 너희의 말대로 가서 여호와를 섬기라"(31)고 비로소 항복을 해겠습니까? 다시 강조합니다만 그동안 하나님의 능력이 약했기 때문에 바로가 항복하지 않은 것이 아니라 하나님께서는 "유월절 어린 양의 피"라는 핵심적인 표징을 계시하시기 위해서 모든 초점을 "유월절 어린 양의 피"로 모아가고 있었음을 놓쳐서는 아니 됩니다.

이런 맥락에서 하나님께서는 "장래에 말할 것"을 망각하지 않고 유월절 어린 양의 실체(實體)이신 그리스도를 대망(待望)케 하기 위해서, "내가 애굽에서 행한 일들 곧 내가 그 가운데서 행한 표징을 네 아들과 네 자손의 귀에 전하게 하려 함이라(10:2), 너희는 이 일을 규례로 삼아 너희와 너희 자손이 영원히 지킬 것이라"(24)고 명하셨던 것입니다.

언제까지 지켜야만 하는가? 첫 유월절은 출애굽 하던 밤이었습니다. 그러면 마지막 유월절이 언제였는지 형제는 말해줄 수가 있습니까? 주님께서 "내가 고난을 받기 전에 너희와 함께 이 유월절 먹기를 원하고 원하였노라"(눅 22:15) 하신, 그리스도께서 잡히시던 밤이 마지막 유월절이요, 1500년 동안 예표로 지켜 내려오던 유월절이 "개혁할 때까지 맡겨 둔 것이니라"(히 9:10)한 참 것으로 개혁이 되는 첫 성찬의 밤이었던 것입니다.

그러면 우리는 언제까지 성찬식을 거행해야만 하는가 하고 묻게 되는데, "너희가 이 떡을 먹으며 이 잔을 마실 때마다 주의 죽으심을 오실 때까지 전하는 것이니라"(고전 11:26) 한 주님의 재림의 날까지입니다.

훗날 자녀들이 묻기를 "이 예식이 무슨 뜻이냐" 하거든 "너희는 이르기를 이는 여호와의 유월절 제사라 여호와께서 애굽 사람을 치실 때에 애굽에 있는 이스라엘 자손의 집을 넘으사 우리의 집을 구원하셨느니라 하라"(26-27) 합니다. 그러면 우리의 자녀들이 "성찬"이 무슨 뜻이냐 물으면 형제는 무엇이라 말해줄 것인가? 이점이 증인들이 증언해야 할 핵심적인 내용인 것입니다. 그것은 분명합니다. "주의 죽으심을 오실 때까지 전하는 것이니라"한 십자가 복음인 것입니다. 이것이 모세오경의 기록목적이요, "장래 말할 것"이라 한 모세의 사명이요, 그리스도의 증인들의 사명인 것입니다.

끝으로 주목해야 할 점은 "사백삼십 년이 끝나는 그 날에 여호와의 군대가 다 애굽 땅에서 나왔은즉"(41)한 "여호와의 군대"라는 주제입니다. 이들은 잠시 전까지만 해도 "바로의 노예"였습니다. 그런데 유월절 어린 양의 구속으로 말미암아 신분과 삶의 목적이 바뀌었다는 점을 나타내고 있습니다.

㉠ 이들은 하나님의 백성이면서 동시에 "여호와의 군대"라 하십니

다. "하나님의 백성"은 신분이요 "여호와의 군대"는 사명을 의미합니다. 우리도 지금 하나님의 자녀이나 사명은 "주의 종"으로 주님의 고난에 동참해야 하는 것입니다.

ⓛ "여호와의 군대"라 하심은 이들이 싸워야 할 싸움에 여호와의 이름과 영예가 걸려 있는 "여호와의 싸움"(삼상 25:28)임을 나타냅니다. 그래서 주님은 "그런즉 너희는 먼저 그의 나라와 그의 의를 구하라 그리하면 이 모든 것을 너희에게 더하시리라"(마 6:33)고 말씀하셨던 것입니다.

이점을 사도 바울은 "우리 중에 누구든지 자기를 위하여 사는 자가 없고 자기를 위하여 죽는 자도 없도다 우리가 살아도 주를 위하여 살고 죽어도 주를 위하여 죽나니 그러므로 사나 죽으나 우리가 주의 것이로다 "(롬 14:7-8)고 말씀합니다.

율법인줄만 알았던 모세 오경을 통해서 우리를 구원하신 복음을 더욱 분명하게 깨닫게 되었다는 것은 축복이 아닐 수 없습니다. 복음의 뿌리가 모세오경까지 뻗혀 있게 하신 신실하신 여호와를 찬양하십시다. 이것이 "첫 유월절과 마지막 유월절"의 의미입니다.

주 십자가를 지심으로 죄인을 구속하셨으니
그 피를 보고 믿는 자는 주님의 진노 면하겠네
내가 그 피를 유월절 그 양의 피를 볼 때에
내가 널 넘어서 가리라. (265장)

출애굽기 13장 1-16 분석도표

주제 : 장자와 나귀는 어린 양으로 대속하라

내 것이라

1-2

1 여호와께서 모세에게 일러 이르시되

2 이스라엘 자손 중에서 사람이나 짐승을 막론하고 태에서

처음 난 모든 것은 다 거룩히 구별하여 내게 돌리라 이는 내 것이니라 하시니라

애굽에서 인도하여 내심

3-10

3 모세가 백성에게 이르되 너희는 **애굽 곧 종 되었던 집에서** 나온 그 날을 기념하여 유교병을 먹지 말라   여호와께서 그 손의 권능으로 너희를 그 곳에서 **인도해 내셨음이니라**

4 아빕월 이 날에 너희가 나왔으니

5 여호와께서 너를 인도하여 가나안 사람과 헷 사람과 아모리 사람과 히위 사람과 여부스 사람의 땅 곧 네게 주시려고 네 조상들에게 맹세하신바 젖과 꿀이 흐르는 땅에 이르게 하시거든   **너는 이 달에 이 예식을 지켜**

6 이레 동안 무교병을 먹고 일곱째 날에는 여호와께 절기를 지키라

7 이레 동안에는 무교병을 먹고 **유교병을** 네게 보이지 아니하게 하며

네 땅에서 **누룩을 네게 보이지 아니하게 하라**

8 너는 그 날에 네 아들에게 보여 이르기를 이 예식은 내가 **애굽에서 나올 때에** 여호와께서 나를 위하여 행하신 일로 말미암음이라 하고

9 이것으로 네 손의 기호와 네 미간의 표를 삼고 여호와의 율법이 네 입에 있게 하라 이는 여호와께서 강하신 손으로 **너를 애굽에서 인도하여 내셨음이니**

10 해마다 절기가 되면 이 규례를 지킬지니라

나귀는 대속하라

11-16

11 여호와께서 너와 네 조상에게 맹세하신 대로 너를 가나안 사람의 땅에 인도하시고

그 땅을 네게 주시거든

12 너는 태에서 처음 난 모든 것과 네게 있는 가축의 태에서 여호와께 돌리라 수컷은

처음 난 것을 다 구별하여 여호와의 것이니라

13

나귀의 첫 새끼는 다 어린 양으로 대속할 것이요 그렇게 하지 아니하려면 그 목을 꺾을 것이며 네 아들 중 처음 난 모든 자는 대속할지니라

14 후일에 네 아들이 네게 묻기를 이것이 어찌 됨이냐 하거든 너는 그에게 이르기를 여호와께서 그 손의 권능으로 우리를 애굽에서 곧 종이 되었던 집에서 인도하여 내실새

15 그 때에 바로가 완악하여 우리를 보내지 아니하매 여호와께서 **애굽 나라** 가운데 **처음 난** 모든 것은 사람의 장자로부터 가축의 **처음 난** 것까지 다 죽이셨으므로 태에서 **처음 난** 모든 수컷들은 내가 여호와께 제사를 드려서 내 아들 중에 모든 **처음 난** 자를 다 **대속하리니**

16 이것이 네 손의 기호와 네 미간의 표가 되리라 이는 여호와께서 그 손의 권능으로 우리를 **애굽에서 인도하여 내셨음이니라** 할지니라

장자와 나귀는
어린 양으로 대속하라

설교 작성노트

우선적으로 본문을 관찰하면서, "애굽, 처음 난 것, 대속하라, 내 것이라" 하신 말씀이 몇 번이나 강조되어 있는지 주목해보기를 바란다. 애굽 바로의 노예였던 자들이 어떻게 해서 해방이 되는 것이 가능했는가? 애굽의 "처음 난 것"(장자)을 치실 때에 이스라엘의 "처음 난 것"은 어린 양으로 "대속"했기 때문이다. 그래서 처음 난 것은 값을 주고 산(대속), "내 것"이라 하시는 것이다. 이는 바로 우리들의 이야기인 것이다. 이를 증언하려는 것이 내용목적이다.

이점에서 주목하게 되는 이런 문맥에서, "나귀의 첫 새끼는 다 어린 양으로 대속할 것이라"(13)고 말씀하신다는 점이다. 이 "나귀"를 구속사라는 넓은 지평으로 보면 어떤 의미가 되는가? 여기에 적용목적이 있다 하겠다.

강론

본문에서 붙잡아야 할 핵심적인 말씀은, "대속과 내 것이라", 즉 하나님의 것이라는 말씀입니다. 이 주제가, "너희는 너희 자신의 것이 아니라 값으로 산 것이 되었으니 그런즉 너희 몸으로 하나님께 영광을 돌리라"(고전 6:19-20)는 말씀과 결부되는 것으로 우리에게도 적실성이 있는 중요한 주제이기 때문입니다.

어찌하여 "처음 난 모든 것은 다 거룩히 구별하여 내게 돌리라 이는 내 것이니라"(2) 하시는가? 훗날 네 아들이 "왜 그런 것입니까" 라고 묻거든 너는 대답하기를, "여호와께서 그 손의 권능으로 우리를 애굽에서 곧 종이 되었던 집에서 인도하여 내실 새", 애굽의 모든 처음 난 것은 다 심판을 받아 죽었으나 이스라엘의 "처음 난 것"은 유월절 어린 양의 피로 "대속", 즉 대신 값을 지불하고 사셨기 때문에 "내 것", 즉 하나님의 것이라 하신다고 말해주라는 것입니다.

"처음 난 것 또는 장자는 내 것이라" 하신 말씀은 "구속 또는 대속"

의 원리에 입각한 주제로 기독교의 중추적인 교리 중 하나입니다. 그러므로 본문만이 아니라 출애굽기(22:29, 34:19)와, 민수기(3:11-13, 40-45, 18:16-18, 18:15-18)와, 신명기(15:19)에서도 언급하고 있고, 심지어 신약에서도 아기 예수님과 결부하여 "첫 태에 처음 난 남자마다 주의 거룩한 자라 하리라 한 대로 아기를 주께 드리고"(눅 2:23)라고 말씀하는, 그리스도인의 정체성을 깨닫게 하는 대단히 중요한 주제입니다.

이점에서 분명해야 할 점은 하나님께서 "이는 내 것이라" 하시니까 "우리의 것"이었던 것을 하나님께 빼앗기는 양 생각하는 잘못을 범해서는 안 된다는 점입니다. 그런 것이 절대로 아닙니다. 빼앗기는 것이기는 커녕 이는 최대로 영광스러운 진리인 것입니다. 하나님께서 무엇이 부족하셔서 나 같은 죄인을 탐을 내신 단 말입니까? 이는 바로(사탄)의 소유였던 그들을 구속(값을 지불)하심으로 말미암아 하나님의 소유된 백성으로, 자녀로 삼아주셨다는 무엇에도 비할 데 없는 은혜인 것입니다. 이점을 신약성경에서 "너희는 택하신 족속이요 왕 같은 제사장들이요 거룩한 나라요 그의 소유가 된 백성이니"(벧전 2:9)라고 말씀하는 것만 보아도 알 수가 있습니다.

㉠ 지난 시간에 상고한 12장에서는 우리가 행해야 할 것이라고는 유월절 어린 양이 대신 흘린 피를 대문에 뿌리고 그 안에 거하는 "믿

음"뿐이었습니다.

㉡ 그러나 13장에서는 "처음 난 모든 것은 다 거룩히 구별하여 내게 돌리라"(2, 12), 즉 하나님께 "드리라"고 거듭 강조하십니다. 왜냐하면 "값을 주고 산 내 것"이기 때문이라는 것입니다.

이런 맥락에서 12장의 주제가 값을 주고 사셨다는 "구속"이라면 13장의 주제는 "내 것", 즉 헌신(獻身)이라고 말할 수가 있습니다. 그러므로 유념해야 할 점은 순서인데, "너희는 너희 자신의 것이 아니라 값으로 산 것이 되었다"는 12장이 먼저요, "거룩히 구별하여 내게 돌리라", 즉 "너희 몸을 하나님이 기뻐하시는 거룩한 산 제물로 드리라"(롬 12:1)한 13장의 헌신은 그 뒤를 따라야 하는 것입니다. 이 순서가 바뀌져서는 안 됩니다.

3대 절기의 순서도 이와 같이 되어 있는데 먼저는 "유월절"이요, 그 다음에 "오순절"이고, "초막절"으로 대단원을 맺게 되는 순서입니다. 그 의미를 살펴보면,

㉠ 최우선적으로 유월절인데 "너희는 그것을 이렇게 먹을지니 허리에 띠를 띠고 발에 신을 신고 손에 지팡이를 잡고 급히 먹으라 이것이 여호와의 유월절이니라"(12:11)하신 유월절 어린 양을 먹어야 한다는 점입니다. 이점을 주님은 "내가 진실로 진실로 너희에게 이르노니 인자의 살을 먹지 아니하고 인자의 피를 마시지 아니하면 너희 속에 생

명이 없느니라"(요 6:53)고 말씀하십니다.

ⓒ 그런 후에 오순절에는 "오직 성령이 너희에게 임하시면 너희가 권능을 받고 예루살렘과 온 유대와 사마리아와 땅 끝까지 이르러 내 증인이 되리라"(행 1:8), 즉 "너희 몸을 하나님이 기뻐하시는 거룩한 산 제물로 드리라"(롬 12:1)하시는 것입니다. 이점을 본문에서는, "처음 난 모든 것은 다 거룩히 구별하여 내게 돌리라 이는 내 것이니라"(2)고 말씀하시는 것입니다.

이런 문맥에서 또 주목해야 할 점이 있는데 "나귀의 첫 새끼는 다 어린 양으로 대속할 것이요 그렇게 하지 아니하려면 그 목을 꺾을 것이며 네 아들 중 처음 난 모든 자는 대속할지니라"(13)고 말씀하신다는 점입니다.

ⓐ "나귀의 첫 새끼는 다 어린 양으로 대속할 것이요",

ⓑ "네 아들 중 처음 난 모든 자는 대속할지니라"고, "아들과 나귀"를 함께 언급하고 있다는 점입니다. 다시 말하면 아들도 대속하고, 나귀도 대속하라는 말씀입니다. 이는 "대속 교리"를 알아듣기 쉽도록 설명하기 위함인데, 왜 "대속"하라 하시는가?

"아들도 나귀"도 부정하기 때문에 하나님께 드릴 수가 없기 때문입니다. 인간의 부정함을 "나귀"에 비해서 말씀하시는데 나귀는 어린 양으로 대속을 해야만 살아남을 수가 있는 부정한 것으로 분류되는 동물입니다. 만일 대속하지 아니하려면 "그 목을 꺾을 것이며", 즉 죽이라는 것입니다. 이는 "나귀의 목"을 염려하심이 아니라 바로 당신의 목을 염려하심이라는 점을 인식해야만 합니다. 우리는 나귀와 같은 부정한 자여서 대속함을 받지 못하면 "목을 꺾을 수밖에" 없는 자입니다.

이점에서 생각나는 장면이 있는데 주님께서 예루살렘에, "나귀 새끼"를 타고 입성하셨다는 점입니다. 그렇다면 주님은 나귀를 위하여, 즉 나귀와 같은 "나의 죄"를 대속하기 위해서 입성하시는 것이며 대속함을 받은 "나귀"는 주님의 발 노릇을 하고 있다는 깨달음입니다.

이사야 선지자는 "좋은 소식을 전하며 평화를 공포하며 복된 좋은 소식을 가져오며 구원을 공포하며 시온을 향하여 이르기를 네 하나님이 통치하신다 하는 자의 산을 넘는 발이 어찌 그리 아름다운가"(사 52:7)하고 감격해 하는데, 어찌하여 "발"을 아름답다 하는가? 복음 전도자란 주님을 태운 나귀와 같기 때문이라 할 것입니다. 이점을 바울은 "이를 위하여 나도 내 속에서 능력으로 역사하시는 이의 역사를 따라 힘을 다하여 수고하노라"(골 1:29)고 고백하고 있습니다.

목이 꺾임을 당할 나귀 새끼와 같은 처지에 있던 우리가 어린 양의 피로 대속함을 얻어 영생을 얻게 되었다면 우리도 이렇게 말할 수밖에 없는 것입니다. "우리 중에 누구든지 자기를 위하여 사는 자가 없고 자기를 위하여 죽는 자도 없도다 우리가 살아도 주를 위하여 살고 죽어도 주를 위하여 죽나니 그러므로 사나 죽으나 우리가 주의 것이로다"(롬 14:7-8). 묻습니다. 형제의 목은 안전합니까? 이것이 "장자와 나귀는 대속하라"는 뜻입니다.

날 대속하신 예수께 내 생명 모두 드리니

늘 진실하게 하소서 내 구주 예수여

나 구주 위해 살리라 내 기쁨 한량 없으리

내 갈길 인도하소서 내 구주 예수여. (321장)

출애굽기 15장 1-24 분석도표

주제 : 모세의 노래 어린 양의 노래

모세의 노래	**1-10**

1 이때에 모세와 이스라엘 자손이 이 노래로 여호와께 노래하니 일렀으되 내가 여호와를 찬송하리니 그는 높고 영화로우심이요 말과 그 탄 자를 바다에 던지셨음이로다

2 여호와는 나의 힘이요 노래시며 나의 구원이시로다 그는 나의 하나님이시니 내가 그를 찬송할 것이요 내 아버지의 하나님이시니 내가 그를 높이리로다

3 여호와는 용사시니 여호와는 그의 이름이시로다

4 그가 바로의 병거와 그의 군대를 바다에 던지시니 최고의 지휘관들이 홍해에 잠겼고

5 깊은 물이 그들을 덮으니 그들이 돌처럼 깊음 속에 가라앉았도다

6 여호와여 주의 오른손이 권능으로 영광을 나타내시니이다
여호와여 주의 오른손이 원수를 부수시니이다

7 주께서 주의 큰 위엄으로 주를 거스르는 자를 엎으시니이다 주께서 진노를 발하시니 그 진노가 그들을 지푸라기 같이 사르니이다

8 주의 콧김에 물이 쌓이되 파도가 언덕 같이 일어서고 큰 물이 바다 가운데 엉기니이다

9 원수가 말하기를 내가 뒤쫓아 따라잡아 탈취물을 나누리라, 내가 그들로 말미암아 내 욕망을 채우리라, 내가 내 칼을 빼리니 내 손이 그들을 멸하리라 하였으나

10 주께서 바람을 일으키시매 바다가 그들을 덮으니 그들이 거센 물에 납 같이 잠겼나이다

어린양의 노래	**11-21**

11 여호와여 신 중에 주와 같은 자가 누구니이까 주와 같이 거룩함으로 영광스러우며 찬송할 만한 위엄이 있으며 기이한 일을 행하는 자가 누구니이까

12 주께서 오른손을 드신즉 땅이 그들을 삼켰나이다

13 주의 인자하심으로 주께서 구속하신 백성을 인도하시되
주의 힘으로 그들을 주의 거룩한 처소에 들어가게 하시나이다

14 여러 나라가 듣고 떨며 블레셋 주민이 두려움에 잡히며

15 에돔 두령들이 놀라고 모압 영웅이 떨림에 잡히며 가나안 주민이 다 낙담하나이다

16 놀람과 두려움이 그들에게 임하매 주의 팔이 크므로 그들이 돌 같이 침묵하였사오니 여호와여 주의 백성이 통과하기까지 곧 주께서 사신 백성이 통과하기까지였나이다

17 주께서 백성을 인도하사 그들을 주의 기업의 산에 심으시리이다 여호와여 이는 주의 처소를 삼으시려고 예비하신 것이라 주여 이것이 주의 손으로 세우신 성소로소이다

18 여호와께서 영원무궁 하도록 다스리시도다 하였더라

19 바로의 말과 병거와 마병이 함께 바다에 들어가매 여호와께서 바닷물을 그들 위에 되돌려 흐르게 하셨으나 이스라엘 자손은 바다 가운데서 마른 땅으로 지나간지라

20 아론의 누이 선지자 미리암이 손에 소고를 잡으매 모든 여인도 그를 따라 나오며 소고를 잡고 춤추니

21 미리암이 그들에게 화답하여 이르되 너희는 여호와를 찬송하라 그는 높고 영화로우심이요 말과 그 탄 자를 바다에 던지셨음이로다 하였더라

원망	**22-24**

22 모세가 홍해에서 이스라엘을 인도하매 그들이 나와서 수르 광야로 들어가서 거기서 사흘길을 걸었으나 물을 얻지 못하고

23 마라에 이르렀더니 그 곳 물이 써서 마시지 못하겠으므로 그 이름을 마라라 하였더라

24 백성이 모세에게 원망하여 이르되 우리가 무엇을 마실까 하매

모세의 노래 어린 양의 노래

설교 작성노트

15장은 홍해를 육지같이 건넌 후에 구원하여주심을 감사하는 찬양이다. 여호와께서 자신들은 구원하시고 애굽 사람들을 심판하신 "큰 일"(14:31)을 경험한 자들이 어찌 찬양하지 않을 수가 있었겠는가? 그런데 우리가 출애굽기를 상고하면서 계속적으로 붙잡고 있어야 할 점은 육적 출애굽이 영적 출애굽을 계시하기 위해서 마련하신 예표라는 점이다.

그러므로 계시록에서는 바로가 아니라 "짐승과 그의 우상과 그의 이름의 수를 이기고 벗어난 자들"이, 홍해가 아니라 "유리 바다 가에 서서" 하나님의 거문고를 가지고 "하나님의 종 모세의 노래, 어린 양의 노래"(계 15:2-3)를 부르고 있는 것을 보게 된다. 이를 증언하고자 하는 것이 내용목적이다.

그런데 홍해를 육지 같이 통과한 하나님의 백성들이 광야에 접어들어 물을 얻지 못하자, "우리가 무엇을 마실까"(24) 하고, 하나님을 원망했다는 것은 얼마나 미련하고 어리석은 불신앙인가? 이처럼 15장에는 "찬송과 원망"이 함께 등장한다. 여기에 적용목적이 있다 하겠다.

강론

출애굽한 하나님의 백성들이 약속의 땅 가나안을 향하여 나아가는 데는 두 가지 길이 있었습니다. ㉠ 하나는 지름길인 블레셋 땅을 통과하는 것이고, ㉡ 다른 하나는 "홍해의 광야 길"(13:17, 18)이었습니다. 두 길은 모두가 순탄한 길이 아니라 극복하기 어려운 장애가 있었는데, "블레셋" 길은 가까울지라도 하나님이 그들을 그 길로 인도하지 아니하셨으니 왜냐하면, "백성이 전쟁을 하게 되면 마음을 돌이켜 애굽으로 돌아가자"(13:17), 즉 블레셋이라는 강력한 대적이 있었기 때문입니다.

그런가 하면 "광야 길"은 "홍해"라는 극복할 수 없는 장애물이 가로막고 있었던 것입니다. 그런데 하나님은 자기 백성을 "홍해의 광야 길"로 인도하시면서 바로가 말하기를 이스라엘이, "광야에 갇힌바 되었다 하리라"(14:3), 즉 독 안에 든 쥐와 같이 되었다 하리라는 뜻입니다.

아니나 다를까 바로가 "선발된 병거 육백 대"(14:7)를 거느리고 추격해 왔습니다. 앞에는 홍해가 가로막고 뒤에서는 바로의 군사가 추격해 오는 진퇴양난에 처하게 되자 백성들은, "애굽에 매장지가 없어서 우리를 이끌어 내어 이 광야에서 죽게 하느냐"(14:11)고 아우성을 쳤던 것입니다. 그런데 시편 기자는 이렇게 노래합니다.

> 주의 길이 바다에 있었고 주의 곧은길이 큰물에 있었으나
>
> 주의 발자취를 알 수 없었나이다. (시 77:19)

홍해가 아니었다면 어떻게 되었을까요? 조금은 더 전진을 했을 것입니다만 바로의 군사는 병거를 타고 추격해 오고 있습니다. 곧 붙잡혀서 죽임을 당하고 다시 애굽으로 끌려갔을 것입니다.

그런데 하나님은 자기 백성들을 위해서 곧은길을 바다 속에 예비해 놓으셨는데 이를 아는 자가 없었다, 그리하여 "우리를 죽게 하느냐"고 원망했던 것입니다. 이처럼 하나님은 "자기 백성을 "양떼"같이 인도하셨나이다"(시 77:20)합니다. 그러므로 홍해를 육지 같이 건넌 후에 모세와 이스라엘 자손들이 찬송을 했다는 것은 너무나 당연한 일이었던 것입니다.

그런데 계시록 15장에서는 바로가 아닌 "짐승(바로와 같은 적그리스도)과 그의 우상과 그의 이름의 수를 이기고 벗어난 자들이" 홍해가 아닌

"유리 바다 가에 서서 하나님의 거문고를 가지고 하나님의 종 모세의 노래, 어린 양의 노래"(계 15:2-3)를 부르는 장면을 대하게 됩니다. 어찌하여 "모세의 노래, 어린 양의 노래"라 하는가? 앞에서 상고한 대로 출애굽이 영적 출애굽에 대한 예표요, "유월절 어린 양"이 "세상 죄를 지고 가는 하나님의 어린 양"에 대한 그림자로 계시된 것이기 때문입니다.

이점이 본문 13절에 나타나는데 한 절 안에 "주"라고 4번이나 고백을 하면서, ㉠ "주의 인자하심으로 ㉡ 주께서 구속하신 백성을 인도하시되 ㉢ 주의 힘으로 ㉣ 그들을 주의 거룩한 처소에 들어가게 하시나이다" 합니다.

핵심은 "구속하신 백성"이라한 "구속"에 있는데 출애굽 당시는 "유월절 어린 양의 피"로 구속하셨으나 이는 그림자요, 죄는 사람이 범했는데 "양"으로 대속할 수는 없는 것입니다. "너희가 알거니와 너희 조상이 물려 준 헛된 행실에서 대속함을 받은 것은 은이나 금 같이 없어질 것으로 된 것이 아니요 오직 흠 없고 점 없는 어린 양 같은 그리스도의 보배로운 피로 된 것이니라"(벧전 1:18-19)합니다. 그래서 "모세의 노래, 어린 양의 노래"라 하는 것입니다.

그러면 모세의 노래는 하나님께서 행해주신 어떤 일을 찬양하고 있는가? 세 가지로 요약할 수가 있습니다.

㉠ 첫째는 우선적으로 "내가 여호와를 찬송하리니 그는 높고 영화로우심이요"(1상)라고, 무엇을 행해주신 것보다 높고 영화로우신 하나님 자신을 찬양하고 있다는 점입니다. 이점이 중요한데 찬양해야 할 이유가 우리에게 무엇인가를 행해주셨기 때문만은 아닌 것입니다.

예를 들어 복을 주셨기 때문만으로 찬양한다면 욥기에 나타난 것같이 "취하여 가신다면" 원망할 것이 아닙니까? 선물은 둘째입니다. 우리가 믿는 하나님은 "높고 영화로우시기" 때문에 찬양을 받으셔야하는 것입니다. 11절에서도, "여호와여 신 중에 주와 같은 자가 누구니이까 주와 같이 거룩함으로 영광스러우며 찬송할 만한 위엄이 있으며 기이한 일을 행하는 자 누구니이까"라고 찬양할 이유를 말씀합니다.

㉡ 그런 후에 둘째로 "말과 그 탄 자를 바다에 던지셨음이로다"(1하)라고, 추격해오던 바로의 군사를 홍해에 매장하신 행사를 찬양합니다. "그가 바로의 병거와 그 군대를 바다에 던지시니 최고의 지휘관들이 홍해에 잠겼고(4), 돌처럼 깊음 속에 가라앉았도다(5), 거센 물결에 납 같이 잠겼나이다"(10) 합니다.

이것이 어떻게 가능해졌는가? "여호와여 주의 오른손이 권능으로 영광을 나타내시니이다 여호와여 주의 오른손이 원수를 부수시니이다"(6)한 "주의 오른 손"의 권능으로 행해주셨다 합니다. "오른 손"은 능력 중 보다 큰 능력을 상징하는 것으로 이점을 시편에서는, "지존자의 오른손(시 77:10), 주께서 큰일(大事)을 행하셨사오니"(시 71:19)라고 진술하고 있습니다.

그렇다면 형제는 하나님께서 "오른 손으로 우리에게 행해주신 큰 일"이 무엇인지 말해줄 수가 있습니까? 구약시대 행해주신 두 가지 "큰 일"을 꼽으라면, "출애굽과 출 바벨론"을 들 것입니다. 그러면 신약시대에 행해주신 두 가지 "큰 일"은 무엇인가? "자기 아들을 아끼지 아니하시고 우리 모든 사람을 위하여 내주신 일"(롬 8:32)과 우리를 고아와 같이 버려두시지 않고, "또 다른 보혜사를 너희에게 주사 영원토록 너희와 함께 있게 하리니"(요 14:16)하신 성령을 보내주신 일입니다. 이는 모두가 하나님께서 행해주신 "하나님의 오른손의 큰일"인 것입니다.

그래서 주님을 잉태한 마리아는 "능하신 이가 큰 일을 내게 행하셨으니 그 이름이 거룩하시며"(눅 1:49)라고 찬양했고, 오순절 성령강림 후에 각국 방언으로 말하는 것을 듣고는, "우리가 다 우리의 각 언어로 하나님의 큰 일을 말함을 듣는도다"(행 2:11)고 말했던 것입니다.

그러면 출애굽 당시는 홍해를 갈라주셨는데 신약에서는 무엇을 갈라주셨는지 형제는 말해줄 수가 있습니까? 주님은 "내가 문이다(요 10:9), 내가 곧 길이다"(요 14:6)라고 말씀하시는데 어떻게 해서 주님께서 문이 되시고 길이 되어주셨는지 아십니까?

"그 길은 우리를 위하여 휘장 가운데로 열어 놓으신 새로운 살 길이요 휘장은 곧 그의 육체니라"(히 10:20)고, 막혔던 휘장을 열어주셨습니다. 십자가상에서 "다 이루었다"고 선언하시자 죄로 말미암아 1500년 동안이나 막혔던 휘장을 찢어주심으로 문이 되시고 길이 되어주신 것입니다.

그러면 묻습니다. 형제는 홍해를 갈라 길을 내어주신 일과, 죄로 말미암아 1500년 동안이나 하나님께 나아가는 길이 막혔던 휘장을 열어주신 일 중 어느 것이 더욱 큰일이라고 여기십니까? 홍해는 "지팡이"로 갈라지게 하였으나 휘장은 주님의 육체를 찢으심으로 가능하여진 것입니다.

그러면 우리가 나아가야 할 "길"은 지금 어디 있는가 하고 묻게되는데 시편 기자는 "그 마음에 시온의 대로가 있는 자는 복이 있나이다"(시 84:5)고, 하나님께 나아가는 길이 "마음"에 있다고 증언합니다. 그리스도를 영접한 형제의 마음에는 "시온의 대로"가 있다는 점을 확신하시기 바랍니다. 왜냐하면 주님께서 "길"이 되시기 때문입니다.

사도 바울은 "우리 조상들이 다 구름 아래에 있고 바다 가운데로 지나며 모세에게 속하여 다 구름과 바다에서 세례를 받고"(고전 10:1-2)라고 홍해를 건넌 것을 "세례"로 해석해주고 있습니다. 그렇습니다. 바로가 홍해까지는 추격해 왔으나 홍해를 건넘으로 바로의 지배권에서 완전히 벗어날 수가 있었기 때문입니다. 바로의 지배권을 벗어나는 "출애굽"은 홍해를 건넘으로 비로소 온전케 되었던 것입니다. 형제는 아직도 홍해를 건너지 않은 줄로 여기고 있는 것은 아닙니까? 그리하여 홍해가 열리기를, 그리고 어떤 물리적인 축복의 길이 열리기만을 기다리고 있는 것은 아닙니까? 그리고 열어주시지 않는다고 원망하고 있는 어리석음을 범하고 있는 것은 아닙니까?

이런 맥락에서 15장에는 "찬송"만 있는 것이 아니라, "원망"(24)도 함께 등장한다는 점을 우리에게 보여주고 있는 것입니다. 홍해를 육지같이 건너게 해주심으로 찬송하던 자들이 "마라"에 이르러 물이 써서 마실 수 없게 되자 원망했던 것입니다. 애굽에서 구속하여 자유하게 하시고, 백성들을 위해서 바다 속에 길을 예비해놓으신 하나님, 그리하여 "자기 백성을 양떼같이 인도하시는 하나님"을 믿는 자라면 이것과는 비교도 되지 않을 만큼 작은 문제에 봉착했을 때, 하나님께서 합력하여 선을 이루어주실 것을 믿고 의탁해야 마땅하지 않겠습니까?

그렇습니다. 구약 성경을 상고해 보면 선지자들은 환난을 당하여 백성들이 낙심하고 원망할 때마다 "지존자의 오른손의 해"(시 77:10), 즉 하나님께서 홍해에서 대적을 엎으시고 자신들을 구원하여주신 행사를 상기시키면서 용기를 주고 격려했던(수 24:7, 느 9:11, 시 66:6, 74: 13, 77:19, 78:13, 106:9, 136:13)것입니다. 이런 뜻입니다. 이처럼 "큰 일"을 행해주셨다면 보다 작은 일은 더욱 믿고 맡길 수가 있지 않느냐는 뜻입니다.

이 논리를 신약성경에서는 로마서 5장이 잘 나타내주고 있는데 "더욱"이라는 말을 5번(9, 10, 15, 17, 20)이나 강조하면서 우리가 ㉠ "아직 연약할 때에, 아직 죄인 되었을 때에, 곧 우리가 원수 되었을 때에"(6, 8, 10) 그리스도께서 그러한 우리를 위하여 죽어주심으로 하나님과 화목할 수가 있었다면, ㉡ "더욱" 그로 말미암아 진노하심에서 구원을 얻을 것이 확실하지 않겠느냐고 확신을 주는 것이 사도 바울의 논리입니다.

더 떨어질 래야 떨어질 곳이 없는 상태가 "원수 되었을 때"요, 그 이상은 없는 지극히 높은 최대의 사랑을 나타내심이 "자기 아들의 죽으심"으로 나타난 것입니다. 그런데 찬송하던 입술에 침이 채 마르기도 전에 원망이 나오는 이것이 우리들의 모습이 아닌지 돌아보아야 할 것입니다.

모세의 노래는, "여호와께서 영원무궁 하도록 다스리시도다 하였더라"(18)고 끝을 맺고 있습니다. 그렇습니다. 하나님은 영원무궁토록 왕이시며 자기 백성을 양떼같이 영원토록 영원토록 돌보실 것입니다. 이것이 "모세의 노래, 어린 양의 노래"입니다.

> 못된 짐승 나를 해치 못하고 거친 비바람 상치 못하리
>
> 나의 주님 강한 손을 펼치사 나를 주야로 지켜주신다
>
> 주는 나의 좋은 목자 나는 그의 어린양
>
> 철을 따라 꼴을 먹여주시니 내게 부족함 전혀 없어라. (570장)

출애굽기 16:1-12 분석도표

주제 : 무엇을 먹을까 염려하지 말라

<table>
<tr>
<td rowspan="1">광
야
의
원
망</td>
<td>

1-3

1 이스라엘 자손의 온 회중이 엘림에서 떠나 엘림과 시내 산 사이에 있는

> 신 광야에 이르니
> 애굽에서 나온 후 둘째 달 십오일이라
> 광야에서 모세와 아론을 원망하여

2 이스라엘 자손 온 회중이 그

3 이스라엘 자손이 그들에게 이르되 우리가 **애굽 땅에서 고기 가마** 곁에 앉아 있던 때와

   떡을 배불리 먹던 때에 여호와의 손에 죽었더라면 좋았을 것을

   너희가 이 **광야로** 우리를 인도해 내어 이   **온 회중이 주려 죽게 하는도다**

</td>
</tr>
<tr>
<td rowspan="1">하
늘
양
식
을
주
리
라</td>
<td>

4-12

4 그 때에 여호와께서 모세에게 이르시되 보라 내가 너희를 위하여

> 하늘에서 양식을 비 같이 내리리니
> 백성이 나가서 일용할 것을 날마다 거둘 것이라
> 그들이 내 율법을 준행하나 아니하나 내가 시험하리라

   이같이 하여

5 여섯째 날에는 그들이 그 거둔 것을 준비할지니 날마다 거두던 것의 갑절이 되리라

6 모세와 아론이 온 이스라엘 자손에게 이르되 저녁이 되면 너희가

     여호와께서 너희를 애굽 땅에서 인도하여 내셨음을 알 것이요

7 아침에는 너희가 여호와의 영광을 보리니 이는

     여호와께서 너희가 자기를 향하여 원망함을 들으셨음이라

     우리가 누구이기에 너희가 우리에게 대하여 원망하느냐

8 모세가 또 이르되 여호와께서 저녁에는 너희에게 고기를 주어 먹이시고 아침에는 떡으

   로 배불리시리니

이는 여호와께서 자기를 향하여 너희가 원망하는 그 말을 들으셨음이라

우리가 누구냐 너희의 원망은 우리를 향하여 함이 아니요 여호와를 향하여 함이로다

9 모세가 또 아론에게 이르되 이스라엘 자손의 온 회중에게 말하기를 여호와께 가까이 나아오라

     여호와께서 너희의 원망함을 들으셨느니라 하라

10 아론이 이스라엘 자손의 온 회중에게 말하매 그들이 광야를 바라보니

   여호와의 영광이 구름 속에 나타나더라

11 여호와께서 모세에게 말씀하여 이르시되

12 내가 이스라엘 자손의 **원망함을 들었노라** 그들에게 말하여 이르기를 너희가 해 질 때

   에는 고기를 먹고 아침에는 떡으로 배부르리니

   내가 여호와 너희의 하나님인 줄 알리라 하라 하시니라

</td>
</tr>
</table>

무엇을 먹을까 염려하지 말라

설교 작성노트

16장 첫 절은 "신 광야에 이르니"(1)하고 시작하여, 2절은, "원망하여"라고 말씀한다. 1-12절 안에 "광야"가 3번, "원망"이 7번 등장한다. 광야에서 빠지기 쉬운 죄가 원망인 것이다. 왜냐하면 그들은 광야에 접어들었고 애굽에서 가지고 나온 양식은 1개월이 지나자 바닥이 났을 것이기 때문이다. 이제부터 무엇을 먹고 살아가야 하는가? 이를 증언하고자 하는 것이 내용목적이요, 이는 광야와 같은 세상을 살아가면서 "무엇을 먹을까 무엇을 마실까 몸을 위하여 무엇을 입을까"하고 염려하는 우리들의 모습이기도 하다. 여기에 적용목적이 있다 하겠다.

강론

출애굽하여 홍해를 육지같이 건넌 하나님의 백성들은 엘림과 시내 산 사이에 있는 "신 광야"(1)에 이르게 되었습니다. "광야에 이르렀다"는 점을 주목하시기 바랍니다. 왜냐하면 광야란 첫째로, 길을 잃고 방황하기 쉬운 곳이요, 둘째로 "광야"란 "무엇을 먹을까 무엇을 마실까 무엇을 입을까"(마 6:25)하는 염려로 "불평과 원망"하는 죄를 범하기 쉬운 곳이 광야이기 때문입니다.

보십시오. 홍해를 육지 같이 건너게 하신 놀라운 경험을 한 하나님의 백성들임에도 불구하고 광야에 접어들자 하나님을 신뢰한 것이 아니라, "너희가 이 광야로 우리를 인도해 내어 이 온 회중이 주려 죽게 하는도다"(3)고 "원망"을 했다고 말씀합니다. 본문에는 "광야"라는 말이 3번, "원망"이 무려 7번이나 등장합니다. "원망"하는 말을 들으신(7, 8, 9, 12) 하나님은,

㉠ 첫째로 "내가 너희를 위하여 하늘에서 양식을 비 같이 내리리니 백성이 나가서 일용할 것을 날마다 거둘 것이라", 즉 일용할 양식을 날마다 공급해주시겠다 하십니다. 왜 이렇게 행해주시겠다 하시는가? 그들이 "나의 백성", 즉 하나님의 백성이기 때문에 그들을 책임지고 보양(保養)하시겠다는 뜻입니다.

ⓛ 그런데 둘째로 "이같이 하여 그들이 내 율법을 준행하나 아니하나 내가 시험하리라"(4)하십니다. "시험"이란 훈련하신다는 뜻이 있는데, "광야"로 접어들었다는 것은 무의미한 과정이 아니라, "네 하나님 여호와께서 이 사십 년 동안에 네게 광야 길을 걷게 하신 것을 기억하라 이는 너를 낮추시며 너를 시험하사 네 마음이 어떠한지 그 명령을 지키는지 지키지 않는지 알려 하심이라"(신 8:2)한 훈련과정이었기 때문입니다. 어찌하여 "광야"의 훈련이 필요한가?

그들의 원망을 들어보십시오. "우리가 애굽 땅에서 고기 가마 곁에 앉아 있던 때와 떡을 배불리 먹던 때에 여호와의 손에 죽었더라면 좋았을 것을 너희가 이 광야로 우리를 인도해 내어 이 온 회중이 주려 죽게 하는도다"(3)고 철부지 같은 원망을 했습니다.

ⓘ "애굽 땅에서 고기 가마 곁에 앉아 있던 때와",

ⓛ "떡을 배불리 먹던 때에"라고 애굽에서 마치 귀빈 대접이라도 받은 듯이 말하고 있습니다.

"애굽 사람의 무거운 짐 밑에서 너희를 빼내며 그들의 노역에서 너희를 건지며 편 팔과 여러 큰 심판들로써 너희를 속량하여"(6:6) 내신, 즉 그들을 구원하여주신 하나님의 은혜는 일언반구 언급함이 없이, "여호와의 손에 죽었더라면 좋았을 것을, 온 회중이 주려 죽게 하는도다"
고, 구원의 하나님을 마치 죽이시려는 하나님처럼 말하고 있습니다.

그 원인이 어디에 있는가? "너희가 여호와께서 너희를 애굽 땅에서
인도하여 내셨음을 알 것이요(6), 내가 여호와 너희의 하나님인 줄 알리
라"(12)하신, 하나님을 알지 못하기 때문입니다. "원망·염려·불신앙" 등
의 근본적인 원인은 하나님을 알지 못하는데서 비롯되는 것입니다. 그
리하여, 하나님을 알고 신뢰하는 법을 가르치는 훈련이 필요했던 것입
니다.

참고로 에스겔서에, "나를 여호와인줄 알리라"는 말씀이 몇 번이나
강조되어 있는가를 관찰해보시기 바랍니다. 무려 60회 이상이 나옵니
다. 하나님을 버리고 우상을 숭배한 원인이 어디에 있는가? 하나님을
모르기 때문이었습니다. 그리하여 예루살렘을 대적에게 내어주시고
자기 백성을 포로가 되게 하신 것도, "나를 여호와인줄 알리라"를 위해
서요, 바벨론 포로에서 돌아오게 하신 것도, "나를 여호와인줄 알리라"
를 위해서였던 것입니다.

하나님은 일용할 양식을 공급해주시면서 두 가지 시험문제를 내셨
습니다.

㉠ "아무든지 아침까지 그것(만나)을 남겨두지 말라"(19)는 것과,

ⓛ "엿새 동안은 너희가 그것을 거두되 일곱째 날은 안식일인즉 그 날에는 없으리라"(26), 그래서 여섯째 날에는, "날마다 거두던 것의 갑절이 되리라"(5)하셨습니다. 얼마나 쉽습니까? 그런데 그들이 그대로 준행을 했는가?

"더러는 아침까지 두었더니 벌레가 생기고 냄새가 난지라"(20)합니다. 왜 남겨두었을까요? 내일 아침은 안 내릴는지도 모른다는 불신앙 때문입니다. 이런 유에 속하는 사람은 매사에 계획성이 있고 저축성이 있는 모범적인 사람일수도 있습니다. 그러나 그런 사람이 빠지기 쉬운 결정적인 죄는 하나님의 약속의 말씀보다는 자신의 이성적인 판단을 더 의지하는 불신앙입니다.

어떤 사람은, "일곱째 날에, 거두러 나갔다가 얻지 못하니라"(27) 합니다. 왜 칠일에도 나갔을까요? 육일 동안 내린 만나가 오늘이라고 안 내리겠느냐는 불신앙 때문입니다. 여기 공통점이 있는데, "하나님의 말씀"을 가볍게 여기는 불신앙입니다. 이처럼 시험문제를 내신 의도는, "구속하신 백성을 인도하시되 주의 힘으로 그들을 주의 거룩한 처소에 들어가게 하시는"(15:13) 하나님만을 의뢰하고 의탁하는(딤후 1:12) 법을 배우게 하기 위해서였던 것입니다.

성경에 등장하는 모든 인물들은 이런 훈련을 받고 성숙해진 사람들입니다. 심지어 바울도 "형제들아 우리가 아시아에서 당한 환난을 너희가 모르기를 원하지 아니하노니 힘에 겹도록 심한 고난을 당하여 살 소망까지 끊어지고 우리는 우리 자신이 사형 선고를 받은 줄 알았으니" 합니다. 바울이 무엇인가를 잘못해서 이런 고난을 당한 것이 아닙니다. "이는 우리로 자기를 의지하지 말고 오직 죽은 자를 다시 살리시는 하나님만 의지하게 하심이라" 합니다. 이런 연단을 받은 바울은 "그가 이같이 큰 사망에서 우리를 건지셨고 또 건지실 것이며 이 후에도 건지시기를 그에게 바라노라"(고후 1:8-10)고, 더욱 하나님만을 의뢰하게 되었던 것입니다.

주님은 말씀하십니다. "오늘 있다가 내일 아궁이에 던져지는 들풀도 하나님이 이렇게 입히시거든 하물며 너희일까 보냐 믿음이 작은 자들아 그러므로 염려하여 이르기를 무엇을 먹을까 무엇을 마실까 무엇을 입을까 하지 말라 이는 다 이방인들이 구하는 것이라 너희 하늘 아버지께서 이 모든 것이 너희에게 있어야 할 줄을 아시느니라"(마 6:30-32).

광야를 통과하기 위해서는 고기가 아닙니다. 떡이 아닙니다. "유월절 어린 양의 피로 속량하여주신 하나님, 자기 아들을 아끼지 아니하시고 대속제물로 내어주신 하나님"을 알고 신뢰하는 것이 먼저입니

다. 이것이 "무엇을 먹을까 염려하지 말라"입니다. "만나"에 대한 구속
사적인 의미는 "이 만나 외에는 보이는 것이 아무 것도 없도다"고 불평
하는 민수기 11장에서 상고하도록 하겠습니다.

너희들은 세상에서 무엇 먹고 마시며

무슨 옷을 입고 살까 염려하지 말아라

이는 이방 사람들이 간구하는 것이요

너희 하늘 아버지는 너희 쓸것 아신다. (588장)

출애굽기 17:1-7 분석도표

주제 : 무엇을 마실까 염려하지 말라

<table>
<tr>
<td rowspan="1">염려와 원망</td>
<td>

1-3

1 이스라엘 자손의 온 회중이 여호와의 명령대로

이 없는지라
2 백성이 모세와 다투어 이르되
　모세가 그들에게 이르되 너희가 어찌하여 나와 다투느냐

3 거기서 백성이 목이 말라 물을 찾으매 그들이

</td>
<td>

신 광야에서 떠나 그 노정대로 행하여
르비딤에 장막을 쳤으나 백성이 마실 물

우리에게 물을 주어 마시게 하라

↓

너희가 어찌하여 여호와를 시험하느냐
모세에게 대하여 원망하여 이르되

↓

당신이 어찌하여 우리를 애굽에서 인도해 내어서
우리와 우리 자녀와 우리 가축이 목말라 죽게 하느냐

</td>
</tr>
<tr>
<td>반석을 치라</td>
<td colspan="2">

4-7

4 모세가 여호와께 부르짖어 이르되 **내가 이 백성에게 어떻게 하리이까**
　　그들이 조금 있으면 내게 돌을 던지겠나이다

5 여호와께서 모세에게 이르시되 백성 앞을 지나서 이스라엘 장로들을 데리고

　　나일 강을 치던 네 지팡이를 손에 잡고 가라
　　　　　↓
6　내가 호렙 산에 있는 그 반석 위 거기서 네 앞에 서리니
　너는 그 반석을 치라 그것에서 물이 나오리니 백성이 마시리라

　　모세가 이스라엘 장로들의 목전에서 그대로 행하니라
7 그가 그 곳 이름을 **맛사 또는 므리바라 불렀으니** 이는 이스라엘 자손이 다투었음이요
　　또는 그들이 여호와를 시험하여 이르기를
　　여호와께서 우리 중에 계신가 안 계신가 하였음이더라

</td>
</tr>
</table>

무엇을 마실까 염려하지 말라

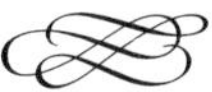

설교 작성노트

광야로 접어들은 하나님의 백성들이 직면하게 되는 문제가 무엇인가? "무엇을 먹을까? 무엇을 마실까"하는 의식주 문제다. 16장의 주제가 "무엇을 먹을까"에 대한 문제와 해답이라면, 17장의 중심점은 "우리에게 물을 주어 마시게 하라"한, "무엇을 마실까"에 대한 문제라 하겠다. "무엇을 먹을까? 무엇을 마실까"라는 점이 1차적으로는 육적인 문제이지만 출애굽이 영적 출애굽에 대한 예표이듯이 궁극적으로는 "보라 날이 이를지라 내가 기근을 땅에 보내리니 양식이 없어 주림이 아니며 물이 없어 갈함이 아니요 여호와의 말씀을 듣지 못한 기갈이라"(암 8:11)한 영적인 문제와 해답이라는 점을 증언하려는 것이 내용목적이요, "명절 끝날 곧 큰 날에 예수께서 서서 외쳐 이르시되 누구든지 목마르거든 내게로 와서 마시라"(요 7:37)하신 초청에 적용목적이 있다 할 것이다.

강론

출애굽한 하나님의 백성들은 하나님께서 공급해주시는 "만나"를 먹기 시작한 "신 광야에서 떠나 그 노정대로 행하여 르비딤에 장막을 쳤으나 백성이 마실 물이 없는지라"(1)합니다. 또 다른 문제에 봉착한 것입니다. 이처럼 문제는 산 넘어 산으로 다가옵니다. 그러므로 문제만을 쫓다가는 일평생을 가난하고 가련한 그리스도인으로 살아가게 됩니다. 문제에 대한 근본적인 해답인 하나님을 의뢰하고 의탁하는 훈련을 배워야만 하는 것입니다.

그런데 백성들은 염려만 하고 있는 것이 아니라 또 "원망"(3)을 하고 있는 것입니다. 이점에서 원망하는 소리를 들어 보십시오. "어찌하여 우리를 애굽에서 인도해 내어서 우리와 우리 자녀와 우리 가축이 목말라 죽게 하느냐"(3)고, 말만 들어도 지긋지긋할 애굽을 못 잊어하고 있는 것입니다. 16장에서도 "우리가 애굽 땅에서 고기 가마 곁에 앉아 있던 때와 떡을 배불리 먹던 때"(3)라고 말했습니다. 급기야 민수기에서는, "우리가 한 지휘관을 세우고 애굽으로 돌아가자"(민 14:4)고 반역하는 것을 대하게 됩니다.

　“애굽”이 무엇에 대한 상징인가? “이 세상 풍조를 따르고 공중의 권세 잡은 자를 따랐으니”(엡 2:2)한 세속 세상에 대한 상징입니다. 그런데 애굽에 대한 미련을 버리지 못하고 있는 것입니다.

　그들이 누구와 다투고 누구를 원망한 것인가? 모세입니까? 아닙니다. “너희가 어찌하여 여호와를 시험하느냐”(2)한, 하나님을 알지 못하고 믿지 못하고 의뢰하지 못한 시험이었던 것입니다. 이때 상황이 얼마나 험악했는가 하는 점이, “그들이 조금 있으면 내게 돌을 던지겠나이다”(4)한 말에 나타납니다. 성경은 문제에 대한 해답입니다. “목말라 부르짖음”에 대한 하나님의 해답이 무엇인가?

　“여호와께서 모세에게 이르시되 백성 앞을 지나서 이스라엘 장로들을 데리고 나일 강을 치던 네 지팡이를 손에 잡고 가라”하십니다. 어디로 가라 하시는가?

　㉠ “내가 호렙 산에 있는 그 반석”,

　㉡ “(그 반석) 위 거기서 네 앞에 서리니”,

　㉢ “너는 그 반석을 치라 그것에서 물이 나오리니 백성이 마시리라”(5-6)하십니다.

이점에서 세 가지 특이한 점을 발견하게 되는데 첫째는, "반석을 치라"는 말씀입니다. 상식적으로는 물을 나오게 하려면 "땅을 치라"하셔야 하는 것이 아닌가? 둘째는 아무 반석이나 치라 하시는 것이 아니라, "그 반석"이라고 정관사가 붙어 있다는 점이고, 셋째는 결정적으로 특이한 일인데, "(그 반석) 위 거기서 네 앞에 서리니 그 반석을 치라"하신다는 점입니다.

이점에서 "그 반석"은 무엇에 대한 상징이며 "그 반석 위 거기서 네 앞에 서리니"하신 것은 어떤 의미인가? 이를 통해서 우리에게 계시하시려는 바가 무엇인가 하는 점입니다. 여러분의 사고력을 작동해 보시기를 바랍니다. 하나님께서 "그 반석 위에 서리니, 그 반석을 치라"하신다면 하나님 자신을 치라는 것이 되는 것입니다.

그렇습니다. 이점을 스가랴서에서는 "만군의 여호와가 말하노라 칼아 깨어서 내 목자, 내 짝 된 자를 치라"고 말씀합니다. "내 목자, 내 짝"을 치라 하심은 하나님 자신을 치라는 것과 같은 뜻입니다. 왜 치라 하시는가? 치심을 당하는 "그 날에 죄와 더러움을 씻는 샘이 다윗의 족속과 예루살렘 주민을 위하여 열리리라"(슥 13:7, 1)하십니다. 이는 그리스도께서 치심을 당할 것에 대한 명백한 예언인 것입니다.

어찌하여 "칼아 깨어라"하시는 지 아십니까? "칼"은 심판을 나타냅니다. 그런데 이때까지는 "하나님께서 길이 참으시는 중에 전에 지은 죄를 간과"(롬 3:25), 즉 보시고도 못보신척 하셨다는 것입니다. 다시 말하면 하나님의 공의를 나타내시지 않고 참고 있으셨기에 죄에 대한 진노의 칼이 마치 잠을 자고 있는 것과 같았기 때문입니다.

주님은 "누구든지 목마르거든 내게로 와서 마시라"(요 7:37)고 외치셨는데, 생명수를 마시는 것이 어떻게 해서 가능해졌는가? 이점이 "나일 강을 치던 네 지팡이로 치라"(5) 하신 말씀에 나타납니다. 나일강을 치던 지팡이는 물이 변하여 피가 되게 한 정죄(定罪)의 지팡이를 의미합니다. "죄와 더러움을 씻는 샘"이 열리는 것이 가능하게 된 것은 율법이 할 수 없는 그것을 "하나님은 하시나니 곧 죄로 말미암아 자기 아들을 죄 있는 육신의 모양으로 보내어 육신에 죄를 정하사"(롬 8:3), 즉 자기 아들을 정죄하심으로 가능해진 것입니다. 출애굽기의 표현대로 하면 자기 아들을 "치심으로", 스가랴의 표현대로 하면 "칼로 자기 아들을 치심"으로 가능해진다는 점을 계시해주고 있는 것입니다.

하나님은 이사야 선지자를 통해서 예언케 하시기를 "그가 찔림은 우리의 허물 때문이요 그가 상함은 우리의 죄악 때문이라 그가 징계를 받으므로 우리는 평화를 누리고 그가 채찍에 맞으므로 우리는 나음을 받았도다"(사 53:5)고 예언하게 하셨는데 이에 대한 성취인 것입니다.

그래서 주목해 보셨습니까? 아무 반석이나 치라 하시는 것이 아니라, "그 반석 위 거기서 네 앞에 서리니 너는 그 반석을 치라"(6)고, "그 반석, 그 반석"이라고 손가락으로 가리키듯이 말씀하시는 것입니다.

이점을 신약성경에서는 "다 같은 신령한 음료를 마셨으니 이는 그들을 따르는 신령한 반석으로부터 마셨으매 〈그 반석〉은 곧 그리스도시라"(고전 10:4)고 증언합니다. 예수 그리스도는 목이 말라 헐떡이는 우리들에게 친히 치심을 당함으로 생수를 마시게 해주신 유일한 "그 반석"이신 것입니다.

㉠ 출애굽기 16장의 "만나"라는 예표는 요한복음 6:49-50절에서 "너희 조상들은 광야에서 만나를 먹었어도 죽었거니와 이는 하늘에서 내려오는 떡이니 사람으로 하여금 먹고 죽지 아니하게 하는 것이니라"에서 성취가 되고,

㉡ 17장의 "생수"의 예표는 "명절 끝날 곧 큰 날에 예수께서 서서 외쳐 이르시되 누구든지 목마르거든 내게로 와서 마시라"하신 요한복음 7:37절에서 성취가 되었던 것입니다. 그런데 성경 마지막 책, 마지막 부분에 이르러, "이루었도다 나는 알파와 오메가요 처음과 마지막이라 내가 생명수 샘물을 목마른 자에게 값없이 주리니"(계 21:6)하고 완성이 되는 것을 대하게 된다는 것은 감격스러운 일입니다.

모세는 그곳 이름을, "맛사 또는 므리바"(7)라 불렀다 합니다. ㉠ "맛

사"란 "시험하다"는 뜻입니다. 불신앙이란 원망을 낳게 되고, 원망은 결국 "여호와께서 우리 중에 계신가 안 계신가"(7하)하고 하나님을 시험하는 의심을 낳게 합니다. ⓛ "므리바"란 "다투다"는 뜻인데 그들은 어찌하여 우리를 애굽에서 인도하여 내었느냐고 하나님께 투덜대면서 다투었던 것입니다.

이점에서 우리로 생각에 잠기게 하는 점이 있습니다. 하나님은 16장에서도 원망하는 그들을 향하여 한마디 책망하심도 없이 만나를 내려주셨고, 17장에서도 하나님을 시험하며 다투는 자들에게 노하심이 없이 친히 치심을 당하셔서 생수를 마시게 해주셨다는 점입니다. 이 점을 학자들은 불가해(不可解)한 점으로 여기고 있습니다. 인간의 상식으로는 이해할 수가 없고 하나님의 보편적인 공의로도 용납이 되지 않기 때문입니다.

그런데 구속사라는 맥락으로 바라볼 때에만 깨달음과 깊은 감동을 받게 되는 것입니다. "만나와 생수"가 예수 그리스도에 대한 예표일진대 베푸신 시점이 언제인가? 시내 산에 이르기 전입니다.

㉠ 그러므로 첫째로 "만나와 생수"가 시내 산의 율법보다 먼저 주어졌다는 점입니다.

㉡ 둘째는 "우리가 아직 연약할 때에, 우리가 아직 죄인 되었을 때

에, 곧 우리가 원수 되었을 때에 그의 아들의 죽으심으로 말미암아, 하나님께서 우리에 대한 자기의 사랑을 확증하셨고, 하나님과 화목하게 되었다"(롬 5:6-10)는 하나님의 선수적인 사랑으로 인도해줍니다. 이를 대하는 형제의 마음은 어떠합니까? 이것이 "무엇을 마실까 염려하지 말라"입니다.

주 하나님 독생자 아낌없이 우리를 위해 보내주셨네
십자가에 피 흘려 죽으신 주 내 모든 죄를 대속하셨네
주님의 높고 위대하심을 내 영혼이 찬양하네
주님의 높고 위대하심을 내 영혼이 찬양하네. (79장)

출애굽기 19:10-25 분석도표

주제 : 시내 산과 시온 산에 강림하신 하나님

<table>
<tr>
<td rowspan="2">예
비
하
고

기
다
리
라</td>
<td>

10-15

10 여호와께서 모세에게 이르시되 너는 백성에게로 가서

    오늘과 내일 그들을 성결하게 하며 그들에게 옷을 빨게 하고

11 준비하게 하여 셋째 날을 기다리게 하라 이는 셋째 날에나 여호와가 온 백성의 목전에서 시내 산에 강림할 것임이니

12 너는 백성을 위하여 주위에 경계를 정하고 그 경계를 침범하지 말지니 산을 침범하는 자는 반드시 죽임을 당할 것이라

    이르기를 너희는 삼가 산에 오르거나

13 그런 자에게는 손을 대지 말고 돌로 쳐죽이거나 화살로 쏘아 죽여야 하리니 짐승이나 사람을 막론하고

    살아남지 못하리라 하고 나팔을 길게 불거든 산 앞에 이를 것이니라 하라

14 모세가 산에서 내려와 백성에게 이르러 **백성을 성결하게 하니 그들이 자기 옷을 빨더라**

15 모세가 백성에게 이르되 준비하여 **셋째 날을 기다리고** 여인을 가까이 하지 말라 하니라

</td>
</tr>
</table>

<table>
<tr>
<td rowspan="2">모
든
백
성
이

다

떨
더
라</td>
<td>

16-25

16 **셋째 날 아침에 우뢰와 번개와** 빽빽한 구름이 산 위에 있고 나팔 소리가 매우 크게 들리니 진중에 있는 모든 백성이 다 떨더라

17 **모세가 하나님을 맞으려고 백성을 거느리고** 진에서 나오매 그들이 산기슭에 서 있는데

18 시내 산에 연기가 자욱하니 여호와께서 불 가운데서 거기 강림하심이라

    그 연기가 옹기 가마 연기 같이 떠오르고 온 산이 크게 진동하며

19 나팔 소리가 점점 커질 때에 모세가 말한즉 하나님이 음성으로 대답하시더라

20 **여호와께서 시내 산 곧 그 산 꼭대기에 강림하시고** 모세를 그리로 부르시니 모세가 올라가매

21 여호와께서 모세에게 이르시되 내려가서 백성을 경고하라 백성이 밀고 들어와 나 여호와에게로 와서 **보려고 하다가 많이 죽을까 하노라**

22 또 여호와에게 가까이 하는 제사장들에게 그 몸을 성결히 하게 하라 **나 여호와가 그들을 칠까 하노라**

23 모세가 여호와께 아뢰되 주께서 우리에게 명령하여 이르시기를 산 주위에 경계를 세워 산을 거룩하게 하라 하셨사온즉 백성이 시내 산에 오르지 못하리이다

24 여호와께서 그에게 이르시되 가라 너는 내려가서 **아론과 함께 올라오고** 제사장들과 백성에게는 경계를 넘어 나 여호와에게로 올라오지 못하게 하라 내가 그들을 칠까 하노라

25 모세가 백성에게 내려가서 그들에게 알리니라

</td>
</tr>
</table>

시내 산과 시온 산에 강림하신 하나님

설교 작성노트

본문은 하나님께서 시내 산에 강림하시는 내용인데, "준비하여 셋째 날을 기다리라, 나 여호와가 시내 산에 강림할 것임이니라"(11) 하신다. 왜 강림하시는가? 그곳에 출애굽을 시키신 자기 백성들이 있기 때문이다. 그런데 "주위에 경계를 정하고 침범하지 말라, 침범하는 자는 반드시 죽임을 당할 것이라"(12)고 경고하시는 것이 아닌가? 여기에 하나님의 사랑과 공의의 "갈등"이 있는 것이다.

그런데 구속사의 넓은 지평으로 보게 되면 "내가 나의 왕을 내 거룩한 산 시온에 세웠다 하시리로다"(시 2:6)고 하나님이 "시온 산"에 임마누엘하시는 것을 보게 된다. 왜 강림하시는가? 영적 출애굽, 즉 잃어버린 자를 찾아 구원하시기 위해서다. 그러면 "시내 산의 강림과 시온 산의 강림"이 어떻게 다른 것인가를 증언하려는 것이 내용목적이다.

하나님께서 시내 산에 강림하실 때는 "지경을 범하면 죽임을 당하리라"하시고, "모든 백성이 다 떨더라"했는데, 시온에 임마누엘하신 성자 하나님은, "내가 오늘 네 집에 유하여야 하리라"하신다. 여기에 적용목적이 있다 하겠다.

강론

유월절 어린 양의 피로 속량을 받아 출애굽을 한 하나님의 백성들은 50일 쯤 지나 시내 광야에 이르러 산기슭에 장막(1-2)을 쳤습니다. 전에 하나님께서 호렙에서 양을 치던 모세에게 나타나셔서 말씀하시기를, "내가 반드시 너와 함께 있으리라" 하시면서, "네가 그 백성을 애굽에서 인도하여 낸 후에 너희가 이 산(시내 산)에서 하나님을 섬기리니 이것이 내가 너를 보낸 증거니라"(3:12)고 말씀하셨습니다.

모세는 이 말씀을 들으면서 당시로는 허황된 말씀처럼 여겨졌을 것입니다. 그런데 말씀하신 대로 호렙 산 곧 시내 산에 이르게 하신 것입니다. 그러자 하나님은 더욱 놀라운 말씀을 하십니다. "나 여호와가 온 백성의 목전에서 시내 산에 강림할 것임이라"(11)하시는 것이 아닌가? 왜 시내 산에 강림하시는가? 그곳에 애굽에서 속량해 내신 자기 백성들이 있기 때문입니다.

하나님은 모세에게 "너는 백성에게로 가서 오늘과 내일 그들을 성결하게 하며 그들에게 옷을 빨게 하고 준비하게 하여 셋째 날을 기다리게 하라 이는 셋째 날에 나 여호와가 온 백성의 목전에서 시내 산에 강림할 것임이니"(11)하십니다.

그런데 계속해서 말씀하시기를 "너는 백성을 위하여 주위에 경계(境界)를 정하고 이르기를 너희는 삼가 산에 오르거나 그 경계를 침범하지 말지니 산을 침범하는 자는 반드시 죽임을 당할 것이라"(12)고 경고하시는 것이 아닌가? 자기 백성을 만나러 오셨으면서 동시에 가까이 오면, "죽임을 당하리라"는 점을 5번(12, 13, 21, 22, 24)이나 경고하시는 의도가 무엇인가?

이 말씀을 대하는 형제는 어떤 마음이 드십니까? 솔직히 그럴 것이라면 차라리 하나님이 강림하시지 않는 편이 좋겠다는 마음이 들 것입니다. 실제로 "그 소리를 듣는 자들은 더 말씀하지 아니하시기를 구하였다"합니다. 왜냐하면, "짐승이라도 그 산에 들어가면 돌로 침을 당하리라 하신 명령을 그들이 견디지 못함이라", 심지어 모세도 "내가 심히 두렵고 떨린다 하였느니라”(히 12:19-21)고 말씀합니다. 자기 백성을 사랑하서서 찾아오셨으나 만날 수 없는, 여기에 구약시대의 한계가 있고 하나님의 사랑과 공의의 갈등이 있는 것입니다.

이를 통해서 무엇을 계시하시려는 것인가? 그것은 분명합니다. 무엇이 하나님과 인간 사이를 이처럼 비극적으로 갈라놓았으며, 이에 대한 해답은 무엇인가를 계시하기를 원하시는 것입니다. 하나님과 우리 사이를 갈라놓은 것은 “죄”라는 문제 때문입니다. 그런데 하나님은 문제만을 지적하시는 것이 아니라 24절을 보십시오. 여기에 숨은 그림처럼 문제에 대한 해답이 있는 것입니다.

하나님은 모세에게
㉠ “너는 내려가서 아론과 함께 올라오고”,
㉡ 그러나 “제사장들과 백성에게는 경계를 넘어 나 여호와에게로 올라오지 못하게 하라 내가 그들을 칠까 하노라”하십니다.

아론은 올라오는 것이 왜 허락이 되었으며, 아론과 함께 올라오라 하시는 의도가 무엇인가? 아론은 죄가 없기 때문입니까? 아닙니다. 아론은 장차 대속제물을 드려야 할 대제사장이 될 것이기 때문입니다. 궁극적으로 참 대제사장이신 그리스도를 예표하는 인물이기 때문입니다. 1년 1차 대제사장이 지성소에 들어오는 것이 허락이 된 것도 참 대제사장되시는 예수 그리스도를 예표하기 때문인 것입니다.

아론은 짐승의 피를 가지고 지성소, 즉 하나님 앞에 들어갔으나 우리의 대제사장 되시는 그리스도께서는 "염소와 송아지의 피로 아니하고 오직 자기 피로 영원한 속죄를 이루사 단번에 성소에 들어가셨느니라"(히 9:12)고 말씀합니다. 하나님께서 보여주시려는 계시는 분명해졌는데, "지경을 정하라"하시는데 "문제"가 있고, "아론과 함께 올라오라" 하시는데 문제에 대한 "해답"이 들어 있는 것입니다.

구속사라는 넓은 지평으로 보면 하나님은 "시내 산"에만 강림하신 것이 아니라, "시온 산"에도 강림하셨다는 점을 인식해야만 합니다. 그러므로 "시내 산"의 강림과, "시온 산"의 강림을 대조해서 바라보게 되면 여기에는 구속사적인 중요한 의미가 있음을 깨닫게 되는 것입니다.

㉠ 첫째로 어찌하여 하나님께서 "시내 산"에 강림하셨는가? 애굽에서 유월절 어린 양의 피로 속량하신, "자기 백성들"이 거기 있기 때문입니다.

왜 하나님께서 시온 산에 강림하셨는가? "잃어버린 자를 찾기 위해서"(눅 19:10) 오셨고, 자기 목숨을 그들의 "대속물로 주려 함이니라"(마 20:28), 즉 유월절 어린 양이 되시기 위해서 오셨다고 말씀하십니다.

ⓛ 둘째로 어찌하여 시내 산에 강림하셨는가? 구원하신 것이 끝이 아니라, "그들은 내가 그들의 하나님 여호와로서 그들 중에 거하려고 그들을 애굽 땅에서 인도하여 낸 줄을 알리라"(29:46)고 "그들 중에", 즉 자기 백성들과 함께 거하시기 위해서 강림하신 것입니다.

왜 시온 산에 강림하셨는가? 주님은 "삭개오야 속히 내려오라 내가 오늘 네 집에 유하여야 하겠다"(눅 19:5) 하십니다. 잃어버린 자를 찾아 함께 거하시기 위해서 강림하셨습니다.

ⓒ 셋째는 어찌하여 시내 산에 강림하셨는가? "율법은 모세로 말미암아 주어진 것이요"한 율법을 주시기 위해서였습니다.

왜 시온 산에 강림하셨는가? "은혜와 진리는 예수 그리스도로 말미암아 온 것이라"(요 1:17)한 복음을 주시기 위해서였습니다.

ⓔ 넷째로 어찌하여 시내 산에 강림하셨는가? "여호와께서 두 돌판을 내게 주셨나니 그 돌판의 글은 하나님이 손으로 기록하신 것이요 너희의 총회 날에 여호와께서 산상 불 가운데서 너희에게 이르신 모든 말씀이니라"(신 9:10)한 구약교회의 "총회"의 날이었기 때문입니다.

그러면 신약교회의 총회의 날은 언제라 할 것인가? 주님께서 "오직 성령이 너희에게 임하시면 너희가 권능을 받고 땅 끝까지 이르러 내 증인이 되리라"하신, 성령께서 시온 산 다락방에 강림하신 오순절이라 할 것입니다.

하나님은 질서의 하나님이십니다. 그들을 구원하신 채 버려두셨다면 오합지졸 같이 되었을 것입니다. 강림하신 하나님은 "이십 세 이상으로 싸움에 나갈 만한 모든 자를 진영 별로 계수하여"(민 1:3) 편성하게 하셔서 "여호와의 군대"가 되게 하셨습니다. 이를 위해서 강림하신 것입니다.

그렇습니다. 성령께서 강림하신 이때로부터 주님께서 이루어 놓으신"복음"을 증언하는, 즉 "싸움에 나갈 만한 모든 자" 곧 영적 전쟁은 시작이 되었던 것입니다.

신약성경은 너희가 이른 곳은 "만질 수 있고 불이 붙는 산과 침침함과 흑암과 폭풍과 나팔 소리와 말하는 소리가 있는 곳에 이른 것이 아니라" 합니다. "그러나 너희가 이른 곳은 시온 산과 살아 계신 하나님의 도성인 하늘의 예루살렘"(히 12:19, 22)이라고 말씀합니다. 그러므로 우리가 이른 곳은 시내 산이 아니라 시온 산이라는 점에 분명해야 하는 것입니다.

왜냐하면 어떤 분들은 이제도 "만지기"를 원하고, "불이 붙는 산"을 보기를 원하여 "불로, 불로"합니다. 또는 "폭풍과 나팔 소리"와 같은 "소리"를 듣기를 원하고 있습니다. 그런 분들은 시온 산이 아닌 시내 산으로 가시기 바랍니다. 그러나 부탁하노니 너무 가까이 가지는 마십시오. 왜냐하면, "침범하는 자는 반드시 죽임을 당할 것이라, 짐승이나 사람을 막론하고 살아남지 못하리라"(12-13)고 말씀하시기 때문입니다.

그러나 시온 산에 이르러 "은혜와 진리"를 받은 자들은, "때를 따라 돕는 은혜를 얻기 위하여 은혜의 보좌 앞에 담대히 나아갈 것이니라"(히 4:16)하십니다. 그리고 계시록에서는, "또 내가 보니 보라 어린 양이 시온 산에 섰고 그와 함께 십사만 사천이 서 있는데 그들의 이마에는 어린 양의 이름과 그 아버지의 이름을 쓴 것이 있더라"(계 14:1) 합니다. 이것이 "시내 산과 시온 산에 강림하신 하나님"의 의미요, 시내 산과 시온 산의 다른 점입니다.

> 주 사랑하는 자 다 찬송할 때에
> 그 보좌 앞에 둘러서 그 보좌 앞에 둘러서
> 큰 영광 돌리세 큰 영광 돌리세
> 저 밝고도 묘한 시온성 향하여 가세
> 내 주의 찬란한 성에 찬송하며 올라가세. (249장)

출애굽기 20:3-17 분석도표
주제 : 율법의 의미를 곡해한 구약교회

<table>
<tr><td rowspan="2">하
나
님
사
랑</td><td colspan="2">3-11</td></tr>
<tr><td>3</td><td>너는 나 외에는 다른 신들을 네게 두지 말라</td></tr>
</table>

하나님 사랑

3-11

3 **너는 나 외에는 다른 신들을 네게 두지 말라**

4 **너를 위하여 새긴 우상을 만들지 말고**

또 위로 하늘에 있는 것이나 아래로 땅에 있는 것이나

땅 아래 물속에 있는 것의 어떤 형상도 만들지 말며

5 그것들에게 절하지 말며 그것들을 섬기지 말라 나 네 하나님 여호와는 질투하는

하나님인즉

나를 미워하는 자의 죄를 갚되 아버지로부터 아들에게로 삼사 대까지 이르게 하거니와

6 나를 사랑하고 내 계명을 지키는 자에게는 천 대까지 은혜를 베푸느니라

7 **너는 네 하나님 여호와의 이름을 망령되게 부르지 말라**

여호와는 그의 이름을 망령되게 부르는 자를 죄 없다 하지 아니하리라

8 **안식일을 기억하여 거룩하게 지키라**

9 엿새 동안은 힘써 네 모든 일을 행할 것이나

10 일곱째 날은 네 하나님 여호와의 안식일인즉 너나 네 아들이나 네 딸이나 네

남종이나

네 여종이나 네 가축이나 네 문안에 머무는 객이라도 아무 일도 하지 말라

11 이는 엿새 동안에 나 여호와가 하늘과 땅과 바다와 그 가운데 모든 것을 만들고

일곱째 날에 쉬었음이라 그러므로 나 여호와가 안식일을 복되게 하여 그 날을

거룩하게 하였느니라

이웃 사랑

12-17

12 네 부모를 공경하라 그리하면 네 하나님 여호와가 네게 준 땅에서 네 생명이 길리라

13 **살인하지 말라**

14 **간음하지 말라**

15 **도둑질하지 말라**

16 네 이웃에 대하여 거짓 증거하지 말라

17 **네 이웃의 집을 탐내지 말라**

네 이웃의 아내나 그의 남종이나 그의 여종이나

그의 소나 그의 나귀나 무릇

네 이웃의 소유를 탐내지 말라

율법의 의미를 곡해한 구약교회

설교 작성노트

시내 산에 강림하신 하나님께서는 자기 백성(구약교회)들에게 십계명(율법)을 주셨다. 모세가 "언약 서를 가져다가 백성에게 낭독하여 듣게 하니 그들이 이르되 여호와의 모든 말씀을 우리가 준행(遵行)하리이다"(24:7)고 말했다. 그리고 그리스도를 만나기 이전의 바울은, "율법의 의로는 흠이 없는 자라"(빌 3:6), 즉 율법을 다 준행하였노라 말하고, 부자 청년은, "이것은 내가 어려서부터 다 지켰나이다"(막 10:20)고 말했다. 그러면 "구약의 성도들, 사울, 부자 청년"은 진정 계명을 다 지켰단 말인가?

그런데 주님을 만나고 난 바울은, "율법의 행위로 그의 앞에 의롭다 하심을 얻을 육체가 없나니 율법으로는 죄를 깨달음이니라(롬 3:20), 죄인 중에 내가 괴수니라"(딤전 1:15)고 굴복한다. 그러면 십계명(율법)의 정신은 무엇인가? 다시 말하면 바울은 자신이 죄인 중에 괴수라는 점을 어떻게 깨닫게 되었는가? 이를 증언하려는 것이 내용목적이다.

십계명을 읽어 보라 형제는 다 준행을 했는가? 아니면 지키지 못했는가? 지키지 못했다면 어느 계명에 걸리는가? 그리하여 형제도 율법을 통해서 자신이 죄인 중에 괴수임을 깨닫고 그리스도를 만났는가? 여기에 적용목적이 있다 하겠다.

강론

주님은 "건강한 자에게는 의사가 쓸데없고 병든 자에게 라야 쓸데 있느니라, 나는 의인을 부르러 온 것이 아니요 죄인을 부르러 왔노라"(마 9:12-13)고 말씀하십니다. 그렇다면 나는 진심으로 자신이 죄인임을 깨닫고 예수 그리스도를 만났는가 하고 묻게 됩니다. 이에 확고하지 못하다면 나는 아직 주님을, 복음을 만나지 못한 것이 될 수도 있기 때문입니다.

주님을 찾아 와 "내가 무엇을 하여야 영생을 얻으리이까"라고 물은 부자 청년에게 주님께서 "계명을 지키라"하시자, "이것은 내가 어려서부터 다 지켰나이다"(막 10:17-20)고 말했습니다.

여러분은 십계명을 다 지켰습니까? 지키지 못했다면 어느 계명에

걸립니까? 이제 심각하게 질문을 합니다. 형제는 자신이 죄인임을 어떻게 깨닫게 되었습니까? 그냥 습관적으로 또는 일반적인 개념으로, "나는 죄인입니다, 죄인입니다"하는 것은 아닙니까?

이점을 "율법의 의로는 흠이 없는 자라"고 자부하던 바울이 어떻게 해서, "죄인 중에 내가 괴수니라"고 고백하기에 이르게 되었는가? 다시 말하면 바울은 죄를 어떻게 깨닫게 되었는가를 통해서 살펴보고자 하는 것이 본 설교의 중심주제입니다.

바울은 로마서 7장에서 "율법으로 말미암지 않고는 내가 죄를 알지 못하였다"고 말하면서, "곧 율법이 탐내지 말라 하지 아니하였더라면 내가 탐심(貪心)을 알지 못하였으리라"(롬 7:7)고 진술합니다. 형제는 "탐내지 말라"는 계명이 십계명 중 몇 번째 계명인지 아십니까? 마지막 열 번째 계명입니다. 사람들은 흔히 첫째 계명은 제일 중요하고도 어려운 것이요, 마지막 계명은 제일 쉬운 계명으로 여깁니다. 바울 자신도 그러했을 것입니다.

그러던 어느 날, 아마 다메섹 도상에서 해보다 더 밝은 빛에 비췸을 받은 때로 여겨지는데, 예사로 여겼던 "탐내지 말라"는 "계명이 이르매"(롬 7:9), 즉 조명처럼 그에게 비춰지는 날이 왔다는 것입니다. 그래서 무엇을 깨닫게 되었는가? "탐내지 말라, "탐내지 말라, 탐심! 탐심!! 탐심!!!"(貪心), 비로소 율법의 본질이 마음에 있고, "죄"의 문제가 "탐심"이라는 마음의 문제임을 깨닫게 되었던 것입니다.

주님은 산상수훈에서 "살인하지 말라 누구든지 살인하면 심판을 받게 되리라 하였다는 것을 너희가 들었으나(마 5:21), 또 간음하지 말라 하였다는 것을 너희가 들었으나"(마 5:27)하고, "들었으나, 들었으나"하십니다. 그런데 "들었으나", 잘못 가르쳤고 잘못 배웠다는 것입니다. 가르치는 선생들이 문자만을 보고 율법의 정신을 모른 채 수박 겉핥기식으로 곡해했다는 말씀입니다. 바리새인이었던 바울도 그러했습니다.

그래서 주님은 "나는 너희에게 이르노니", 마음으로 형제를 미워하고, 음욕을 품는 것이 곧 살인이요, 간음을 범하는 것이라고, 율법의 정신이 "마음"에 문제라는 점을 바르게 해석해주셨던 것입니다. 그렇습니다. 하나님은, "만물보다 거짓되고 심히 부패한 것은 마음이라 누가 능히 이를 알리요 마는 나 여호와는 심장을 살피며 폐부를 시험하고 각각 그의 행위와 그의 행실대로 보응하신다"(렘 17:9-10)고 말씀하십니다.

율법의 정신이 마음에 문제요, 신앙의 본질이 마음에 있다는 점은 신약에 이르러서 비로소 강화(强化)하거나 새롭게 재해석한 것이 아닙니다. 율법의 대명사라 하는 모세도, "너는 마음을 다하고 뜻을 다하고 힘을 다하여 네 하나님 여호와를 사랑하라(신 6:5), 그러므로 너희는 마음에 할례를 행하고 다시는 목을 곧게 하지 말라"(신 10:16)고 율법과, 할례의 정신이 마음에 문제임을 갈파했습니다.

하나님은 "내 아들아 네 마음을 내게 주며"(잠 23:26)라고, 우리의 외모가 아니라 중심을 요구하십니다. 예를 들어 어느 사람이 신부를 맞이했는데 몸은 왔으면서도 그의 마음은 옛 애인을 사모하고 있다면 어떻게 되겠는가를 생각해 보시기를 바랍니다. 그래서 주님은, "이 백성이 입술로는 나를 공경하되 마음은 내게서 멀도다"(마 15:8), 즉 입으로는 "주여, 주여"하면서 "마음"은 옛 주인을 따르고 있으면서도 잘 믿는 줄로 착각하고 있다는 것입니다.

율법(십계명)의 정신이 마음의 문제임을 깨닫게 된 바울은, "마음"을 지키려고, 즉 "마음과 생각"으로도 죄를 범하지 않으려고 몸부림을 칩니다. 그런데 가능했겠습니까? "원함은 내게 있으나 선을 행하는 것은 없노라 내가 원하는 바 선은 행하지 아니하고 도리어 원하지 아니하는 바 악을 행하는도다"(롬 7:18-19)고 정죄감에 빠지고 맙니다. 마음과 생각으로도 죄를 범하지 않으려고 처절한 싸움을 해보았으나 그때마다 "나는 육신에 속하여 죄 아래에 팔렸도다(롬 7:14), 죄의 법으로 나를 사로잡는 것을 보는도다"고, 번번이 포로가 되어 끌려가는 것은 자신이었다고 고백합니다. 이것이 "계명이 이르매 죄는 살아나고 나는 죽었도다"(9), 즉 자신 속에서 죽은 척하고 숨어 있던 죄는 살아나고, "율법의 의로는 흠이 없노라"고 자부하던 자신은 죽었다는 뜻입니다.

그리하여 자력구원의 불가능성을 깨닫고는, "오호라 나는 곤고한 사람이로다 이 사망의 몸에서 누가 나를 건져내랴"(롬 7:23-24)하고, 자신을 구원하여 줄 "누군가"를 찾기에 이른 것입니다. 하나님께서 자기 백성들에게 "율법"을 주신 궁극적인 목적이 여기에 있었던 것입니다. 이점을 갈라디아서에서는, "이같이 율법이 (율법으로 죄를 깨닫게 하여) 우리를 그리스도께로 인도하는 초등교사가 되어 우리로 하여금 (행함으로가 아닌) 믿음으로 말미암아 의롭다 함을 얻게 하려 함이라"(갈 3:24)고 해설해주고 있습니다.

그렇습니다. "예수 그리스도"는 그런 자를 만나주시고, "복음"은 그런 자에게 비로소 주어지는 것입니다. 그리고 그리스도와 복음을 만난 사람은, "그러므로 이제 그리스도 예수 안에 있는 자에게는 결코 정죄함이 없나니 이는 그리스도 예수 안에 있는 생명의 성령의 법이 죄와 사망의 법에서 너(나)를 해방하였음이라"(롬 8:1-2)고 기쁨이 충만하여 감사와 감격적인 선언을 하게 되는 것입니다.

사도 바울은 "내 지체 속에서 한 다른 법이 내 마음의 법과 싸워 내 지체 속에 있는 죄의 법으로 나를 사로잡는 것을 보는도다"(롬 7:23)고 고백했습니다. 묻습니다. 형제는 첫째로, "마음과 생각"으로도 죄를 범하지 않으려고 싸워본 경험이 있습니까? 둘째로 그 결과, "죄의 법으로 사로잡는", 즉 번번이 생포당해 본 경험이 있습니까? 그래서 셋째로, "오호라 나는 곤고한 사람이로다 이 사망의 몸에서 누가 나를 건져내랴"고 비명을 지른 적이 있느냐고 묻고 있습니다. 그런 경험이 없다면 죄의 사악함을 깨달았다고 말할 수는 없는 것입니다. 그리고 죄의 깊이를 모르면 은혜의 높이를 모른다는 점입니다.

이런 싸움을 싸운 기간을 바울은 "율법 아래에 매인 바 되고, 갇혀 있었던"(갈 3:23) 상태라고 말합니다. 언제까지 그러했는가? "믿음이 오기까지", 즉 율법을 행함으로가 아닌 그리스도의 대속을 믿는 믿음으로 의롭다함을 얻기까지입니다. 그러므로 율법에 결박을 당하고 갇혀 본 경험을 하기 전에는, "복음"의 영광스러움과 감사와 감격을 맛본 사람은 아니라는 말씀입니다.

또 있습니다. 십계명의 둘째 계명은 "너를 위하여 새긴 우상을 만들지 말라"(4) 하십니다. 그러면 형제는 "나에게는 우상이 없습니다. 우상숭배 안 합니다"라고 말할 것입니다. 그런데 성경은, "그러므로 땅에 있는 지체를 죽이라 곧 음란과 부정과 사욕과 악한 정욕과 탐심이니 탐심은 우상 숭배니라"(골 3:5-6)고, "우상"도 마음에 문제라고 말씀합니다. 바울은 성령의 감동으로, "너는 이것을 알라 말세에 고통하는 때가 이르러 사람들이 자기를 사랑하며 돈을 사랑하며"(딤후 3:1-2)라고 예언적인 경고를 하고 있는데 우리들 마음속에 "금송아지" 우상이 들어 앉아 있는 것은 아닌가 하고 심각하게 고민을 해야 할 것입니다. 그래도 "나는 다른 신을 섬기고 있지 않다, 나에게는 우상이 없다"고 말할 것입니까?

그러므로 출애굽의 목적지는 시내 산이 아니라 시온 산입니다만 그러나 "시내 산"을 반드시 통과해야만 한다는 점입니다. 왜냐하면 시내 산에서 율법을 받고 죄를 깨달은 자만이 "율법이라는 초등교사의 인도를 따라 시온 산에 이르러 그리스도"(갈 3:24)를 만날 수가 있기 때문입니다.

묻습니다. 형제는 시내 산에서 율법을 받아 죄를 깨닫고 초등교사의 인도를 받아 시온 산에 이르러 그리스도와 복음을 만났습니까? 다시 묻습니다. 형제에게도 바울이 "계명이 이르매"한 경험이 있습니까? 그런 후에 "복음이 이르렀느냐", 즉 주님과 복음을 만났느냐고 묻고 있는 것입니다. 그리하여 "그러므로 이제 그리스도 예수 안에 있는 자에게는 결코 정죄함이 없나니 이는 그리스도 예수 안에 있는 생명의 성령의 법이 죄와 사망의 법에서 나를 해방하였음이라"(롬 8:1-2)고 기뻐하며 감사하며 환성을 지른 경험이 있습니까?

바울은 "주 예수께 받은 사명 곧 하나님의 은혜의 복음을 증언하는 일을 마치려 함에는 나의 생명조차 조금도 귀한 것으로 여기지 아니하노라"(행 20:24)고 단언을 하고, 종래는 복음을 증언하다가 순교를 당했습니다.

그러면 우리와 다른 점이 무엇입니까? 자신이 "죄인 중에 괴수"임을 깨달았다는 것과, 그 엄청난 죄를 사함 받은 감사와 감격이 있었기 때문입니다. 주님은 말씀하십니다. "그의 많은 죄가 사하여졌도다 이는 그의 사랑함이 많음이라 사함을 받은 일이 적은 자는 적게 사랑하느니라"(눅 7:47).

"죄를 모르면 복음을 모릅니다. 죄와 싸워본 사람이 아니면 복음의 감사와 감격을 모르게 됩니다. 현대교회는 "율법의 의미를 곡해"하고는 습관적으로 "죄인, 죄인"하는 것은 아닌지요. 그리하여 "복음, 복음"하면서도 복음을 모르고 있는 것은 아닙니까? 모르고 있는 정도가 아니라 복음을 잃어버린 것은 아닌지 심각하게 고민해야 할 것입니다. 이것이 "율법의 의미를 곡해한 구약교회"입니다.

> 나 같은 죄인 살리신 주 은혜 놀라워
>
> 잃었던 생명 찾았고 광명을 얻었네
>
> 큰 죄악에서 건지신 주 은혜 고마워
>
> 나 처음 믿은 그 시간 귀하고 귀하다. (305장)

출애굽기 20:1-26 분석도표

주제 : 십계명과 함께 번제를 주신 하나님

서문	**1-2**
	1 하나님이 이 모든 말씀으로 말씀하여 이르시되
	2 　나는 너를 애굽 땅, 종 되었던 집에서 인도하여 낸 네 하나님 여호와니라

십계명	**3-21**
	18 뭇 백성이 우레와 번개와 나팔 소리와 산의 연기를 본지라 그들이 볼 때에 떨며 멀리 서서
	19 모세에게 이르되 당신이 우리에게 말씀하소서 우리가 들으리이다
	하나님이 우리에게 말씀하시지 말게 하소서 우리가 죽을까 하나이다
	20 모세가 백성에게 이르되 두려워하지 말라 하나님이 임하심은
	너희를 시험하고 너희로 경외하여 범죄하지 않게 하려 하심이니라
	21 백성은 멀리 서 있고 모세는 하나님이 계신 흑암으로 가까이 가니라

번제를 드리라	**22-26**
	22 여호와께서 모세에게 이르시되 너는 이스라엘 자손에게 이같이 이르라
	내가 하늘로부터 너희에게 말하는 것을 너희 스스로 보았으니
	23 너희는 나를 비겨서 은으로나 금으로나 너희를 위하여 신상을 만들지 말고
	24 내게 토단을 쌓고 그 위에　　네 양과 소로 네 번제와 화목제를 드리라
	내가 내 이름을 기념하게 하는　모든 곳에서 네게 임하여 복을 주리라
	25 　네가 내게 돌로 제단을 쌓거든 다듬은 돌로 쌓지 말라 네가 정으로 그것을 쪼면 부정하게 함이니라
	26 너는 층계로 내 제단에 오르지 말라 네 하체가 그 위에서 드러날까 함이니라

십계명과 함께 번제를 주신 하나님

설교 작성노트

20장의 구조는 크게 두 부분(1-17, 18-26)으로 되어 있는데 앞부분은 시내 산에 강림하신 하나님께서 십계명을 주시는 내용이고, 뒷부분은 제단을 쌓고 번제와 화목제를 드리라 하시는 내용이다. 그러면 십계명을 주신 의도는 무엇이며, 십계명, 즉 율법을 주시면서 또한 번제를 드리라 하시는 의도가 무엇인가? 이를 증언하려는 것이 내용목적이다.

만일 하나님께서 율법만 주셨다면 어떻게 될 것인가? "이 율법의 말씀을 실행하지 아니하는 자는 저주를 받을 것이라"(신 27:26)한, "저주"를 받을 수밖에 없었을 것이다. 그런데, "내게 토단을 쌓고 그 위에 네 양과 소로 네 번제와 화목제를 드리라, 네게 임하여 복을 주리라"(24)

하시는 것이 아닌가? 이것이 어떻게 가능해진단 말인가? 여기에 적용
목적이 있다 하겠다.

강론

20장은 시내 산에 강림하신 하나님께서 친히 십계명을 말씀하시는
내용입니다. 그렇다면 십계명을 주신 의도가 무엇인가? 20장은 세 단
원으로 나눠지는데, 세 가지 방면으로 말씀을 드릴 수가 있습니다.

㉠ 첫째 단원(1-2)은 서문으로 두 절에 불과하지만, 십계명을 주시는
하나님과 받는 백성들이 어떠한 관계인가를 깨닫게 하는 중요한 말씀
입니다. "나는 너를 애굽 땅, 종 되었던 집에서 인도하여 낸 네 하나님
여호와니라"(2) 하십니다. 하나님은 "너의 하나님"이요, 너희는 "내 백
성"이라는 뜻입니다. 십계명은 "너의 하나님께서 자기 백성들에게" 주
신 계명, 즉 법인 것입니다. 그러므로 십계명 안에는 "너의 하나님 여호
와"라는 말씀이 다섯 번(2, 5, 7, 10, 12)이나 강조되어 있습니다.

그러므로 명심 또 명심해야 할 점은 하나님과 나 자신과의 관계, 즉
정체성(正體性)입니다. 이에 확고할 때만이 하나님께서 기대하시는 성
화의 삶도 살아갈 수가 있기 때문입니다. 그래서 사도 바울은, "너희 몸
은 너희가 하나님께로부터 받은바 너희 가운데 계신 성령의 전인 줄을

알지 못하느냐"(고전 6:19)고 우리의 정체성을 일깨워주었던 것입니다.

ⓛ 둘째 단원(3-21)은 본문인데 나라에 법이 있듯이 십계명은 구약 교회가 지켜야 할 법(法)이었던 것입니다. 그들은 얼마 전까지 바로의 노예였던 자들인데, 유월절 어린 양의 피로 속량을 받아 하루아침에 하나님의 백성들이 된 자들입니다. 그러므로 십계명을 지킴으로 하나님의 백성이 되는 것이 아니라, 이미 하나님의 백성이 되었기 때문에 법 없는 자가 되지 않고 하나님의 백성답게 살아가게 하기 위해서 계명을 주신 것입니다.

이점을 모세는 "너희는 지켜 행하라 이것이 여러 민족 앞에서 너희의 지혜요 너희의 지식이라 그들이 이 모든 규례를 듣고 이르기를 이 큰 나라 사람은 과연 지혜와 지식이 있는 백성이로다 하리라"(신 4:6), 즉 하나님의 백성들은 다르다 할 것이라는 말씀입니다. 만일 율법을 주시지 않았다면 무법천지(無法天地)가 되고 말 것입니다.

ⓒ 셋째 단원(22-26)은 그런데 율법을 주신 궁극적인 의도가 또 있다는 것입니다. 왜냐하면 하나님은 "율법의 행위로 그의 앞에 의롭다 하심을 얻을 육체가 없고, 율법으로는 죄를 깨달음이라"(롬 3: 20)는 사실을 우리보다도 잘 아시기 때문입니다. 그러므로 율법(십계명)만을 주셨다면 어떻게 되는가? "이 율법의 말씀을 실행하지 아니하는 자는 저주를 받을 것이라 할 것이요 모든 백성은 아멘 할지니라"(신 27:26)한대로, "저주"를 받을 수밖에 없는 것입니다.

　이를 아시기에 하나님은, "내게 토단을 쌓고 그 위에 네 양과 소로 네 번제와 화목제를 드리라 내가 내 이름을 기념하게 하는 모든 곳에서 네게 임하여 복을 주리라"(24)고, 문제에 대한 해답을 주셨던 것입니다. "저주"를 받아 마땅한 자들에게 "복을 주리라"하시는 것이 어떻게 가능해진단 말인가?

　그러므로 "양과 소로 번제를 드리라"하시는 하나님의 마음을 알아야만 합니다. 하나님은 "내가 수소의 고기를 먹으며 염소의 피를 마시겠느냐"(시 50:13)하십니다. 이런 맥락에서 하나님께서 명하시는 "번제", 즉 제사의식이란, "보라 세상 죄를 지고 가는 하나님의 어린 양이로다"(요 1:29)에 대한 예표로 주어진 것이라는 점에 확고해야만 합니다.

　그러므로 율법을 주시면서 동시에 "내게 토단을 쌓고 그 위에 네 양과 소로 네 번제와 화목제를 드리라, 네게 임하여 복을 주리라"(24)하심은 "사랑은 여기 있으니 우리가 하나님을 사랑한 것이 아니요 하나님이 우리를 사랑하사 우리 죄를 속하기 위하여 화목제물로 그 아들을 보내셨음이라"(요일 4:10)에 대한 예표로 주어진 것이라는 점을 명심해야만 합니다.

　주님은 "인자가 온 것은 섬김을 받으려 함이 아니라 도리어 섬기려 하고 자기 목숨을 많은 사람의 대속물로 주려 함이니라"(마 20:28)고 말씀하셨는데 복음의 뿌리는 이처럼 구약성경 전반에 넓고도 깊게 뻗쳐 있다는 점을 깨달아야만 합니다. 그래야만 믿음의 뿌리도 깊어지는 것입니다.

이점에서 주목하고 조심해야 할 점은 "네가 내게 돌로 제단을 쌓거든 다듬은 돌로 쌓지 말라 네가 정으로 그것을 쪼면 부정하게 함이니라"(25)고 경계하신다는 점입니다. 무슨 뜻인가? 인간의 생각으로는, "정으로 쪼아 다듬은 돌"로 쌓는 것이 정성도 있고 보기도 좋을 터인데 어찌하여 "부정하게 함이니라" 하시는가?

그것은 쌓은 "제단"위에서 드려질 "번제와 화목제"가 누구의 무엇을 상징하는 것인가를 아는 사람이라면 그 의미를 깨달을 수가 있는 것입니다. 우리의 구원은 전적으로 어린 양 되시는 예수 그리스도께서 단독적(單獨的)으로, 단번(單番)에 성취하여주신 것이지 거기에 "정으로 쪼듯" 인간이 무엇인가를 첨부(添附)해야 되는 것이 절대로 아니라는 말씀입니다. 만일 그렇게 한다면 "부정하게 함이니라", 즉 다른 복음이 된다는 뜻입니다.

이점이 얼마나 중요하고 보수(保守)해야 할 진리이기에 모세는 죽기 전에 행한 유언과 같은 설교에서 "네 하나님 여호와를 위하여 제단 곧 돌단을 쌓되 그것에 쇠 연장을 대지 말지니라 너는 다듬지 않은 돌로 네 하나님 여호와의 제단을 쌓고 그 위에 네 하나님 여호와께 번제를 드리라”(신 27:5-6)고 경계했겠습니까?

그리고 가나안에 입성한 여호수아는 에발 산에 제단을 쌓되, “여호와의 종 모세가 이스라엘 자손에게 명령한 것과 모세의 율법 책에 기록된 대로 쇠 연장으로 다듬지 아니한 새 돌로 만든 제단이라 무리가 여호와께 번제물과 화목제물을 그 위에 드렸으며”(수 8:30-31)라고 진리대로 보수했음을 진술하고 있겠습니까?

이처럼 출애굽기 20장은 앞부분은 “십계명”을 주시는 내용이고, 뒷부분에서는 “번제와 화목제를 드리라” 하시는 구조입니다. 이점을 사도 바울은, “이같이 율법이 우리를 그리스도께로 인도하는 초등교사가 되어 우리로 하여금 믿음으로 말미암아 의롭다 함을 얻게 하려 함이라”(갈 3:24)고 해설해주고 있습니다.

그런데 바울 당시 “어떤 사람들이 유대로부터 내려와서 형제들을 가르치되 너희가 모세의 법대로 할례를 받지 아니하면 능히 구원을 받지 못하리라”(행 15:1), 즉 쇠 연장을 대야한다고 가르쳤다는 것은 무엇을 의미하는가? 그래서 바울은 “우리나 혹은 하늘로부터 온 천사라도 우리가 너희에게 전한 복음 외에 다른 복음을 전하면 저주를 받을지어다”(갈 1:8)고, 이를 거부하고 복음을 보수했던 것입니다. 이 말씀은 현대교회의 설교를 진단하는 시금석이 됩니다.

이제 십계명을 주신 하나님의 의도는 분명해졌습니다.

㉠ 하나님과 나 자신의 관계성을 일깨워주고,

㉡ 하나님의 백성답게 살아가게 하기 위해서요,

㉢ 율법으로 자신이 죄인임을 깨닫게 하여,

㉣ 그리스도에게로 인도하기 위해서입니다.

십계명만 주신 것이 아니라 "번제와 화목제", 즉 자기 아들을 대속제물로 내어주신 하나님은 찬양 받으시기에 너무나 합당하신 것입니다. 이것이 "십계명과 함께 번제를 주신 하나님"입니다.

우리를 죄에서 구하시려 주 예수 십자가 지셨으니

기쁘게 부르세 할렐루야 나 구원 얻었네

찬송하세 찬송하세 주님 나를 구하셨네

찬송하세 찬송하세 주가 구원하셨네. (260장)

주제 : 피로 세운 첫 언약과 새 언약

언약의 피니라

1-8

1 또 모세에게 이르시되 너는 아론과 나답과 아비후와 이스라엘 장로 칠십 명과 함께 여호와께로 올라와 멀리서 경배하고

2 너 모세만 여호와께 가까이 나아오고

그들은 가까이 나아오지 말며 백성은 너와 함께 올라오지 말지니라

3 모세가 와서 여호와의 모든 말씀과 그의 모든 율례를 백성에게 전하매

그들이 한 소리로 응답하여 이르되

여호와께서 말씀하신 모든 것을 우리가 준행하리이다

4 모세가 여호와의 모든 말씀을 기록하고 이른 아침에 일어나 산 아래에 제단을 쌓고 이스라엘 열두 지파대로 열두 기둥을 세우고

5 이스라엘 자손의 청년들을 보내어

6 여호와께 소로 번제와 화목제를 드리게 하고 모세가 피를 가지고 반은 여러 양푼에 담고 반은 제단에 뿌리고

7 언약서를 가져다가 백성에게 낭독하여 듣게 하니 그들이 이르되 여호와의 모든 말씀을 우리가 준행하리이다

8 모세가 그 피를 가지고 백성에게 뿌리며 이르되

이는 여호와께서 이 모든 말씀에 대하여 너희와 세우신 언약의 피니라

교제

9-11

9 모세와 아론과 나답과 아비후와 이스라엘

10 장로 칠십 인이 올라가서 이스라엘의 하나님을 보니

그의 발아래에는 청옥을 편 듯하고 하늘 같이 청명하더라

11 하나님이 이스라엘 자손들의 존귀한 자들에게 손을 대지 아니하셨고

그들은 하나님을 뵙고 먹고 마셨더라

피로 세운 첫 언약과 새 언약

설교 작성노트

24장은 첫 (옛)언약을 세워주시는 내용인데 핵심은, "너희와 세우신 언약의 피니라"(8)한, "피"로 세우셨다는데 있다. 이점을 신약성경에서는, "이러므로 첫 언약도 피 없이 세운 것이 아니니"(히 9:18)라고 말씀한다. 물론 새 언약도, "이 잔은 내 피로 세우는 새 언약이니"(눅 22:20)하신 피로 세우신 것이다. 그러면 하나님과 백성 간에 언약을 세우되 "피"로 세우셨다는 구속사적인 의미가 무엇인가? 이를 증언하려는 것이 내용목적이다.

그리고 피로 세워주신 언약 하에 있는 자들의 신분과 사명과 책임은 무엇인가 하는 점이 적용목적이라 하겠다.

강론

오늘 본문은 출애굽을 한 구약교회에게 첫 언약을 세워주시는 내용입니다. 모세는 백성들에게 ㉠ "언약서를 가져다가 백성에게 낭독하여 듣게"하니, ㉡ 백성들은 "여호와의 모든 말씀을 우리가 준행하리이다"(7)고 약속을 합니다. ㉢ 그러자 모세가 피를 백성에게 뿌리면서 "이는 여호와께서 이 모든 말씀에 대하여 너희와 세우신 언약의 피니라"(8)고 선언을 했습니다.

이점에서 주목해야 할 점은 백성에게 피를 뿌리면서 "언약의 피니라"한 점입니다. 어찌하여 언약을 "피"로 세우는가 하는 점입니다. 그런데 이점이 오늘의 우리에게 중요한 의미를 갖게 되는 것은 주님께서도, "이 잔은 내 피로 세우는 새 언약이니"(눅 22:20)하시면서 언약을 세워주셨기 때문입니다. 그러니까 "옛 언약과 새 언약" 모두가 피로 세워진 언약인 것입니다.

이점에서 두 가지 물음이 제기되는데 첫째는 언약을 "피"로 세우시는 구속사적인 의미가 무엇인가 하는 점이고, 둘째는 첫 언약과 새 언약의 다른 점이 무엇인가 하는 점입니다.

① 먼저 구약시대 세워주신 첫 언약부터 생각해보겠습니다. 언약을

체결하기 위해서는 ㉠ 언약 당사자가 있고 ㉡ 언약의 내용이 있어야 하고 ㉢ 언약을 어길 경우에 받게 될 벌칙 조항이 있기 마련입니다.

㉠ 그러면 첫째로 "첫 언약"의 당사자는 누구와 누구 사이에 체결이 되었는가 하는 점입니다. "모세가 와서 여호와의 모든 말씀과 그의 모든 율례를 백성에게 전하매 그들이 한 소리로 응답하여 이르되 여호와께서 말씀하신 모든 것을 우리가 준행하리이다"(3)한 것으로 볼 때 옛 언약은 "하나님과, 백성들"이 언약 당사자요, 둘 사이에 체결이 된 것임을 알게 됩니다.

㉡ 둘째로 언약의 내용은 무엇인가 하는 점인데, 모세가 "여호와의 모든 말씀과 그의 모든 율례를 백성에게 전하매(3), 언약 서를 가져다가 백성에게 낭독하여 듣게 하니"(7)한, 언약 서에 기록이 된 "모든 율례"가 언약의 내용이었던 것입니다. 백성들은 이를 듣고 "모든 것을 우리가 준행하리이다(3), 여호와의 모든 말씀을 우리가 준행하리이다"(7)고 약속했던 것입니다.

㉢ 그러면 셋째로 언약을 어길 경우 받게 될 벌이 무엇인가 하는 점입니다. 이점에 통찰력이 필요합니다. 두 가지 방면으로 나타나고 있는데 첫째는, 모세가 피를 백성에게 뿌리면서 "이는 여호와께서 이 모든 말씀에 대하여 너희와 세우신 언약의 피니라"(8)한 말씀에 벌칙이 나타나 있는 것입니다. "영원한 소금 언약이니라"(민 18:19)하심은 변하지 않는 언약임을 나타냅니다. 그런데 "언약의 피니라"는 표현은 무슨 뜻인가?

"피"하면 생명을 의미하나 "흘린 피"는 죽음을 의미합니다. 그러면 언약을 어길 경우의 죄 값은 분명해지는데 뿌리는 피처럼, "반드시 죽으리라"한 사망(死亡)이었던 것입니다. 이점이 모세가 "이 율법의 말씀을 실행하지 아니하는 자는 저주(咀呪)를 받을 것이라 할 것이요 모든 백성은 아멘 할지니라"(신 27:26)한 선언에도 분명히 나타납니다.

두 번째 의미는 더욱 통찰력이 필요한데 모세가 백성들에게 뿌린 "그 피"(8)가 무슨 피 인가 하는 점입니다. "번제와 화목제"로 드려진 피라는 점입니다. 그러면 의미는 분명해지는데 우리가 받아야 마땅한 죄 값을 우리 대신 "번제"로 드려지는 제물이 대신 받아 죽임을 당하게 하시겠다는 의미가 있는 것입니다.

그들은 "모든 것을 우리가 준행하리이다"고 말했으나 하나님께서는 "율법을 준행함으로는 의롭다함을 얻을 자가 없다"는 점을 너무나 잘 아셨기 때문에 해답으로 "대속교리"를 마련하셨다는 뜻이 되는 것입니다.

이점을 신약성경에서는 "그(그리스도)는 새 언약의 중보자시니 이는 첫 언약 때에 범한 죄에서 속량하려고 죽으사 부르심을 입은 자로 하여금 영원한 기업의 약속을 얻게 하려 하심이라"(히 9:15), 즉 주님은 신약시대의 죄만을 담당하신 것이 아니라 구약시대의 죄까지를 위해서 죽으셨다고 해설해주고 있는 것입니다.

이점이 이어지는 말씀에 더욱 분명하게 나타나는데 1-2절과 9-10절의 상반(相反)된 대조를 보십시오. 1-2절에서는 "아론과 나답과 아비후와 이스라엘 장로 칠십 명과 함께 여호와께로 올라와 멀리서 경배하고, 너 모세만 여호와께 가까이 나아오고 그들은 가까이 나아오지 말라"고 금하셨습니다.

그런데 9-10절에서는 "모세와 아론과 나답과 아비후와 이스라엘 장로 칠십 인이 올라가서 이스라엘의 하나님을 보니 그의 발아래에는 청옥을 편 듯하고 하늘 같이 청명하더라"고 모세만이 아니라 "아론·나답·아비후·장로 70인"도 올라가 하나님을 보았다고 말씀합니다.

더욱 놀라운 것은 하나님을 뵈온 것만이 아니라 "그들은 하나님을 뵙고 먹고 마셨더라"(11상), 즉 교제를 나눴다는 것입니다. 그럼에도 불구하고 본문은 하나님께서 그들에게 "손을 대지 아니하셨다"(11상), 즉 하나님께서 치시지 않으셨다, 죽지 않았다고 말씀합니다.

이점을 19:12절에서 "산에 오르거나 그 경계를 침범하지 말지니 산을 침범하는 자는 반드시 죽임을 당할 것이라"하신 경고와 결부시켜 생각해보시기를 바랍니다. 얼마나 경이로운 장면이며, 놀라운 말씀인가를 깨닫게 될 것입니다. 이것이 어떻게 해서 가능해졌는가? 다름 아닌 "번제와 화목제로 드려진(5), 대속의 피가 뿌려졌기"(8) 때문에 가능해졌다고 말할 수밖에 달리는 설명할 길이 없는 것입니다.

이점에서 생각나는 말씀이 있는데 주님께서 "볼지어다 내가 문 밖에 서서 두드리노니 누구든지 내 음성을 듣고 문을 열면 내가 그에게로 들어가 그와 더불어 먹고 그는 나와 더불어 먹으리라"(계 3:20)하신 말씀입니다.

성경은 약속의 책, 즉 "언약서"이기도 합니다. 하나님께서 아담에게 "네가 먹는 날에는 반드시 죽으리라"(창 2:17)하신 금령도 호세아 선지자는 "아담처럼 언약을 어기고"(호 6:7)라고 언약이었다고 말씀합니다. 그렇다면 아담에게 세워주신 언약도 범하면, "반듯이 죽으리라"하신 "피"로 세운 언약이라 할 수가 있습니다.

이점을 신약성경에서는 "첫 언약도 피 없이 세운 것이 아니니", 즉 죄 값은 사망이라는 전제 하에 세워진 것이라고 말씀합니다. 만일 피 뿌림이 없다면 마치 언약서에 도장이 없는 것과 같아서 언약체결은 효력이 없게 되는 것입니다. 그러므로 이에 대한 해답은 "피 흘림이 없은 즉 사함이 없느니라"(히 9:18, 22), 즉 죽음 외에는 해답이 없다고 단언합니다. 그리고 죄 값은 사망이요, 이에 대한 해답은 대속뿐이라는 증언이 성경의 일관된 계시입니다.

이런 맥락에서 모세가 피를 백성에게 뿌리면서 "이는 여호와께서 이 모든 말씀에 대하여 너희와 세우신 언약의 피니라"(8)한 진술에는 첫째로, "이 모든 말씀"을 범하면 죄 값은 사망이라는 선언임과 동시에 그런데 하나님께서 이에 대한 해답으로 "번제와 화목제", 즉 대속제물을 마련해주셨다는 두 가지 진리를 내포하고 있는 것입니다.

질문을 드려보겠습니다. 인류의 시조가 죄를 범하고 타락하자 하나님께서 또다시, "…하지 않으면 반드시 죽으리라"는 행위언약을 세워주셨습니까? 많은 분들이 "율법"을 주셨다가 안 되니까 복음을 주신 양 생각하고 있습니다. 아닙니다. 창세기 3:15절을 원시복음이라고 말하는데 구조가 "내가…하리라"로 되어 있습니다. 아브라함에게 "네 씨로 말미암아 천하 만민이 복을 얻으리라"고 세워주신 언약도 행위언약이 아니라 은혜언약입니다. 인류의 시조는 먹지 말라는 것을 먹은 "행위"로 타락을 했습니다. 그래서 하나님은 "믿으면" 구원을 얻는 복음을 주셨던 것입니다.

그래서 성경은 "율법이 들어온 것", 즉 가입(加入)된 것(롬 5:20)이라고 말씀합니다. 달리 표현하면 복음과 복음 사이 중간에 끼어 든 것이라, 또는 "더한 것"(갈 3:19)이라고 말씀합니다. 그렇다면 율법을 왜 가입하셨을까요? ㉠ "범법하므로 더하여진 것이라"(갈 3:19)합니다. 즉 법이 없으면 무법천지가 될 것이기에 죄의 확산을 막기 위해서 주신 것이라는 뜻입니다. ⓛ 또 있는데 "율법이 들어온 것은 범죄를 더하게 하려 함이라"(롬 5:20), 즉 죄를 깨닫게 하기 위해서라는 것입니다. 그리하여 "율법이 우리를 그리스도께로 인도하는 초등교사가 되어 우리로 하여금 믿음으로 말미암아 의롭다 함을 얻게 하려 함이라"(갈 3:24)고 말씀합니다.

② 그러면 두 번째 문제로 첫 언약과 새 언약이 어떻게 다른가를 생각해 보겠습니다. ㉠ 첫째로 "새 언약"의 당사자가 누구인가? 즉 새 언약은 누구와 누구 사이에 체결이 되었는가 하는 점입니다. 하나님과 우리 사이에 체결이 된 것입니까? 아닙니다. 성부 하나님과 성자 그리스도 간의 약속이었다는 점이 옛 언약과 본질적으로 다른 점입니다. 이점이 "하나님은 한 분이시요 또 하나님과 사람 사이에 중보자도 한 분이시니 곧 사람이신 그리스도 예수라"(딤전 2:5)한 말씀에 분명히 나타납니다. 주님은 우리의 대표자, 대리자가 되셔서 하나님과 언약을 체결하셨던 것입니다.

그러면 성부와 성자 간에 어떤 약속이 있었는가? 하나님의 아들이 우리의 중보자가 되셔서 우리의 죄를 대신 책임지시겠다는 약속이었던 것입니다. 이점이 "내 피로 세우는 새 언약이라"(눅 22:20), 즉 주님께서 대신 죽으신다는 의미인 것입니다. 그래서 주님은, "인자가 온 것은 자기 목숨을 많은 사람의 대속물로 주려 함이니라"(마 20:28)고 말씀하셨던 것입니다.

ⓒ 그러므로 첫 언약은 "모든 말씀을 우리가 준행하리이다"(7)한 행하겠다는 약속 하에 체결이 되었으나 새 언약에는 우리에게 명하신 십계명도 없고, "준행하리이다" 한 약속도 없는 것입니다. 다만 "새 계명을 너희에게 주노니, 하신 한 계명을 주셨을 뿐입니다. 그러면 "새 계명"이 무엇인가? "내가 너희를 사랑한 것 같이 너희도 서로 사랑하라"(요 13:34)하신 "사랑"입니다. 주님께서 아버지를 사랑하심 같이 하나님을 사랑하고, 주님께서 우리를 사랑하심 같이 서로 사랑하는 것입니다. 이 사랑이 "하나님께서 보내신 이를 믿는 것이 하나님의 일이니라"(요 6:28), 즉 믿으면 구원을 얻는다는 "믿음" 안에 들어 있는 것입니다. 첫 언약은 행위언약이었으나 새 언약은 우리의 중보자 되시는 그리스도께서 "다 이루었다", 즉 우리 죄를 다 청산하셨다는 것을 "믿음"으로 받으면 되는 것입니다. 그래서 복음이라 하는 것입니다.

그런데 저들은 "여호와의 명하신 모든 말씀을 우리가 준행하리이다"고 두 번(3, 7)이나 장담하고 있습니다. 일견 기특해 보일 수도 있는 이 말이 얼마나 가공스러운 말인가를 뼈저리게 깨달은 사람은 다름 아닌 바울이었습니다. 왜냐하면 자신도 율법의 의로는 흠이 없노라고 교회를 핍박했었기 때문입니다. "이것은 내가 어려서부터 다 행하였나이다". 이 잘못 된 구원관이 그리스도를 배척하고 십자가에 못박았던 것입니다. 바울은 증언합니다. "그들(유대인)이 하나님께 열심히 있으나 올바른 지식(성경진리)을 따른 것이 아니라 하나님의 의를 모르고 자기 의를 세우려고 힘써 하나님의 의에 복종하지 아니하였느니라"(롬 10:2-3).

그러면 하나님의 아들 예수 그리스도의 "피로 세운 새 언약"을 믿는 자는 어떠한 사람이겠습니까?

"만일 너희 믿음의 제물과 섬김 위에 내가 나를 전제로 드릴지라도 나는 기뻐하고 너희 무리와 함께 기뻐하리니 이와 같이 너희도 기뻐하고 나와 함께 기뻐하라"(빌 2:17-18)한 자신을 부어드리는(전제)자입니다.

이점이 옛 언약과 새 언약의 차이요, 이것이 "피로 세운 첫 언약과 새 언약"입니다.

주의 확실한 약속의 말씀 듣고 주님 믿으면 구원을 얻으리라

할렐루야 할렐루야 내가 예수를 믿어

그의 흘리신 피로 내 죄 씻었네

할렐루야 할렐루야 내가 예수를 믿어

그의 흘리신 피로 내 죄 씻었네. (267장)

출애굽기 25:1-22 분석도표

주제 : 그들 중에 거할 성소를 지으라 하신 하나님

<table>
<tr>
<td rowspan="2">네게 보이는 모양대로</td>
<td>

1-9

1 여호와께서 모세에게 말씀하여 이르시되

2 이스라엘 자손에게 명령하여 내게 예물을 가져오라 하고 기쁜 마음으로 내는 자가 내게 바치는 모든 것을 너희는 받을지니라

3 너희가 그들에게서 받을 **예물은 이러하니 금과 은과 놋과**

4 청색 자색 홍색 실과 가는 베 실과 염소 털과

5 붉은 물 들인 숫양의 가죽과 해달의 가죽과 조각목과

6 등유와 관유에 드는 향료와 분향할 향을 만들 향품과

7 호마노며 에봇과 흉패에 물릴 보석이니라

8 | 내가 그들 중에 거할 성소를 그들이 나를 위하여 짓되 |

9 | 무릇 내가 네게 보이는 모양대로 장막을 짓고 기구들도 그 모양을 따라 지을지니라 |

</td>
</tr>
<tr>
<td></td>
</tr>
<tr>
<td>거기서 너와 만나고</td>
<td>

10-22

10 그들은 | 조각목으로 궤를 짜되 |

  길이는 두 규빗 반, 너비는 한 규빗 반, 높이는 한 규빗 반이 되게 하고

11 너는 순금으로 그것을 싸되 그 안팎을 싸고 위쪽 가장자리로 돌아가며 금 테를 두르고

12 금 고리 넷을 부어 만들어 그 네 발에 달되 이쪽에 두 고리 저쪽에 두 고리를 달며

13 조각목으로 채를 만들어 금으로 싸고

14 그 채를 궤 양쪽 고리에 꿰어서 궤를 메게 하며

15 채를 궤의 고리에 꿴 대로 두고 빼내지 말지며

16 | 내가 네게 줄 증거판을 궤 속에 둘지며 |

17 | 순금으로 속죄소를 만들되 |

  길이는 두 규빗 반, 너비는 한 규빗 반이 되게 하고

18 금으로 그룹 둘을 **속죄소** 두 끝에 쳐서 만들되

19 한 그룹은 이 끝에, 또 한 그룹은 저 끝에 곧 속죄소 두 끝에 **속죄소**와 한 덩이로 연결할지며

20 그룹들은 그 날개를 높이 펴서 그 날개로 **속죄소를** 덮으며 그 얼굴을 서로 대하여 **속죄소를** 향하게 하고

21 | 속죄소를 궤 위에 얹고 |

  내가 네게 줄 | 증거판을 궤 속에 넣으라 |

22 | 거기서 내가 너와 만나고 속죄소 위 곧 증거궤 위에 있는 두 그룹 사이에서 내가 이스라엘 자손을 위하여 네게 명령할 모든 일을 네게 이르리라 |

</td>
</tr>
</table>

그들 중에 거할 성소를
지으라 하신 하나님

설교 작성노트

25장의 중심적인 내용은 하나님께서, "내가 그들 중에 거할 성소를 지으라"(8)고 명하시는데 있다. "내가 그들 중에 거할 성소", 즉 하나님 이 백성들과 함께 거하실 집을 지으라는 뜻이다. "하늘과 하늘들의 하늘이라도 주를 용납하지 못하겠거든"(왕상 8:27) 하물며 땅에 있는 성막 (聖幕), 즉 천막에 거하시겠다 하시는가? 이에 대한 구속사적 의미가 무엇인가를 증언하려는 것이 내용목적이다.

그런데 신약성경에서는 더욱 놀랍게도, "너희 몸은 너희가 하나님 께로부터 받은바 너희 가운데 계신 성령의 전(殿)인 줄을 알지 못하느냐”(고전 6:19), 즉 성도들의 몸이 하나님께서 거하시는 성막이라고 말씀한다. 그렇다면 우리는 움직이는 성막인 셈이다. 그런데 오늘의 그리스도인들은 이런 자신의 정체성을 얼마나 명심하고 있는가? 여기에 적용목적이 있다 하겠다.

강론

오늘 말씀의 중심점은 시내 산에 강림하신 하나님께서 십계명만을 주신 것이 아니라, “내가 그들 중에 거할 성소를 지으라”(8)고, “성막”도 주셨다 는데 있습니다. 하나님께서 시내 산이 아닌 자기 백성들과 함께 거하시겠는 것입니다. 우리는 이런 말씀을 예사로 생각하기가 쉽습니다만 이는 인간이 들을 수 있는 최고 최대의 말씀인 것입니다. 천지 만물을 창조하시고 주관하시는 하나님은 “하늘과 하늘들의 하늘이라도”용납할 수가 없는데 사람들 가운데 거하시되 성막, 즉 천막(天幕)에 거하시겠다니 얼마나 놀랍고도 불가해한 일입니까?

이점에서 “그들 중에 거할 성소를 지으라”하시는 말씀과 “너는 백성을 위하여 주위에 경계(境界)를 정하고, 그 경계를 침범하지 말지니 침범하는 자는 반드시 죽임을 당할 것이라”(19:12)하신 경고를 결부시켜 생각해보아야만 합니다. “경계를 침범하는 자는 반드시 죽임을 당할 것이라”고 경고하셨던 하나님께서 어떻게 “내가 그들 중에 거할 성소”, 즉 함께 거하시겠다 하시는가? 여기에 하나님의 인자(仁慈)와 엄위(嚴威)(롬 11:22), 즉 사랑과 의로우심이 있는 것입니다.

“그들 중에 거할 성소를 지으라”하신 계시는 “말씀이 육신이 되어 우리 가운데 거하시매”(요 1:14), 즉 하나님께서 인간의 장막 같은 몸을 입으시고 이 땅에 오실 임마누엘에 대한 모형이었던 것입니다. 그러므로 성육신 사건은 최대로 경이로운 일이요, 최고의 계시(啓示)사건이었던 것입니다. 그런데 더욱 놀라운 것은 하나님이 우리와 함께 계신다는 “임마누엘”이 끝이 아니라, 우리 죄를 위하여 대속제물이 되어 주실 것까지 계시하신다는 점입니다.

이런 의미가 “기구들도 그 모양을 따라 지을지니라”(9) 하신 성막의 “기구의 모양”, 즉 “번제단·물두멍·속죄소” 등에 나타나고 있는 것입니다. 그러므로 하나님의 의도는 분명한데 성막 “식양”(式樣)을 통해서 십자가 복음을 계시하시려는 것입니다.

하나님은 백성들에게 성막을 세울 예물을 가져오라 하십니다. “금과 은과 놋과…호마노며 에봇과 흉패에 물릴 보석이니라”(2-7)하십니다. 그러면 430년 동안이나 노예생활을 하던 이들에게 이토록 귀하고 값진 예물이 있었겠는가? 그래서 출애굽 당시 “백성에게 말하여 사람들에게 각기 이웃들에게 은금 패물을 구하게 하라 하시더니(11:2), 애굽 사람에게 은금 패물과 의복을 구하매 여호와께서 애굽 사람들에게 이스라엘 백성에게 은혜를 입히게 하사 그들이 구하는 대로 주게 하시므로 그들이 애굽 사람의 물품을 취하였더라"(12:35-36)고 예비케 하셨던 것입니다. 그런데 배은망덕한 인간은 그 패물로 성막보다 먼저 "금송아지" 우상을 만들었다는 점도 기억해야 할 것입니다. 이점은 나 자신은 "물질을 어떻게 관리하고 있는가?" 하고 묻게 합니다.

"기구(器具)들도 그 모양을 따라 지을지니라" 하신 하나님께서 제일 먼저 말씀하신 기구가 무엇인지 아십니까? ㉠ "조각목으로 궤를 짜되"(10) 한 법궤(法櫃)입니다. ㉡ 두 번째로 말씀하신 것이 "순금으로 속죄소를 만들되"(17)한 "속죄소"(贖罪所)입니다. 그러면 "법궤와 속죄소"가 어떤 연관이 있는가? 다시 말하면 속죄소의 위치가 어딘지 아십니까? "속죄소를 궤 위에 얹고"(21)한 법궤 위, 즉 법궤를 덮는 뚜껑에 해당하는 것이 속죄소의 위치입니다.

그러므로 "법궤(法櫃)와 속죄소"(贖罪所)를 최우선적으로 말씀하시되 이런 양식으로 지으라 하시는 하나님의 마음을 인식해야만 합니다. 왜냐하면 여기에 성막 계시의 핵심적인 진리가 있기 때문입니다. 그러므로 좀 더 살펴보면 21절은 두 마디로 되어 있는데

㉠ "속죄소를 궤 위에 얹고",

㉡ "내가 네게 줄 증거판을 궤 속에 넣으라"하십니다.

다시 말씀드립니다만 "속죄소"는 법궤 뚜껑에 해당이 되는데 "증거판(십계명)을 궤 속에 넣고"(법) 궤 위에 "속죄소"를 얹으라 하시는 것입니다. 그러니까 "속죄소"를 법궤 안에 있는 "증거판", 즉 율법 "위"에 놓으라 하신다는 점을 명심하시기 바랍니다.

이는 모세가 고안해 낸 것이 아니라 하나님께서 명하신 양식인 것입니다. 왜 이런 구조로 명하셨는가? 만일 속죄소를 법궤 위에 얹으라 하시지 않았다면, 하나님께서 우리를 보실 때 "율법"을 통해서 보시게 됨으로 우리는 "율법 아래, 죄 아래, 심판 아래"(롬 3:19, 9, 19)있게 되는 것입니다.

그런데 "속죄소"를 법궤 위에 놓으라 하시는 것이 끝이 아니라, "백성을 위한 속죄제 염소를 잡아 그 피를 가지고 휘장 안(지성소)에 들어가서, 속죄소 위와 속죄소 앞에 뿌릴지니"(레 16:15)라고 명하신다는 점입니다. 속죄소에는 "대속의 피"가 뿌려지는 곳이요, 그래서 속죄소 또는 은혜를 베푼다는 시은소(施恩所)라 하는 것입니다.

이점을 신약성경에서는, "죄가 너희를 주장하지 못하리니 이는 너희가 (율)법 아래에 있지 아니하고 은혜(피) 아래에 있음이니라"(롬 6:14)고 해설해주고 있습니다. 다시 말하면 하나님께서 우리를 보실 때에 율법을 통해서 보시는 것이 아니라, 법궤 위 속죄소에 뿌려진 피를 통해서 보신다는 것을 의미합니다.

만일 "증거판", 즉 율법만을 주셨다면 어떻게 되는가? "이 율법의 말씀을 실행하지 아니하는 자는 저주를 받을 것이라 할 것이요 모든 백성은 아멘 할지니라"(신 27:26)한 "저주"를 받을 수밖에 없는 것입니다. 그런데 속죄소가 증거판 위에 있다는 것은 무엇을 의미하는가? "그리스도께서 우리를 위하여 저주를 받으신" 대속의 피가 뿌려짐으로 "율법의 저주에서 우리를 속량하셨다"(갈 3:13)는 것을 나타내는 것입니다.

이는 새삼스러운 계시가 아니라 출애굽 당시도 "내가 애굽 땅을 칠 때에 그 피가 너희가 사는 집에 있어서 너희를 위하여 표적이 될지라 내가 피를 볼 때에 너희를 넘어가리니"(12:13)하신 계시의 또 다른 표현인 것입니다. 그래서 로마서는 "그러나 죄가 더한 곳에 은혜가 더욱 넘쳤나니"(롬 5:20)라고 선언하고 있는 것입니다.

하나님께서는 구속교리를 한 번 슬쩍 말씀하시고 지나 치시는 것이 아니라 "옛적에 선지자들을 통하여 여러 부분과 여러 모양으로 우리 조상들에게 말씀하신 하나님"(히 1:1)이십니다.

자, 이제 생각해보아야만 하겠습니다. 시내 산에 강림하신 하나님께서 "율법"(십계명)만을 주시고 "성막" 양식을 주시지 않으셨다면 어떻게 되는가? "번제단·물두멍·속죄소" 등도 없게 되는 것입니다. 그러면 "율법으로는 죄를 깨달음이니라"(롬 3:20)한 대로 "죄"라는 문제만 있고 이를 해결할 해답이 없는 것이 되고 맙니다.

하나님께서는 "모세를 통하여 너희에게 명령한 모든 것을 여호와께서 명령한 날 이후부터 너희 대대에 지키지 못하여 회중이 부지중에 범죄하였거든, 속죄제로 드릴 것이라 속죄하면 그들이 사함을 받으리니"(민 15:23-25)라고 말씀하십니다. "너희 대대"라 하시는데, 율법을 행함으로 의롭다함을 얻을 수 없다는 점을 우리보다 하나님께서 더 잘 아십니다.

성경은 문제에 대한 해답입니다. 만일 성막을 주시지 않으셨다면 구약의 성도들은 구원 얻을 방도가 없게 되고, 신약의 성도들도 복음의 참 의미를 모르게 되었을 것입니다.

우리는 한걸음 더 나아가야만 합니다. 왜냐하면, "거기서 내가 너와 만나고"(22)라고 말씀하시기 때문입니다. "거기"가 어딘가? "속죄소"입니다. "경계를 침범하는 자는 반드시 죽임을 당할 것이라"(19:12)하신 하나님께서, ㉠ "너와 만나고, ㉡ 네게 명령할 모든 일을 네게 이르리라"(22)하시는 것이 아닌가!! 이것이 어떻게 가능해지는가? 이는 속죄소에 대속의 피가 뿌려졌기 때문입니다.

이 예표가 우리에게는 어떻게 적용이 되는가? 신약성경은 "그러므로 형제들아 우리가 예수의 피를 힘입어 성소에 들어갈 담력을 얻었나니" 합니다. 우리도 "예수의 피를 가지고" 지성소에 들어간다는 것입니다. "그 길은 우리를 위하여 휘장 가운데로 열어 놓으신 새로운 살 길이요 휘장은 곧 그의 육체니라" 합니다. 그러므로 "우리가 마음에 뿌림을 받아 악한 양심으로부터 벗어나고 몸은 맑은 물로 씻음을 받았으니 참 마음과 온전한 믿음으로 하나님께 나아가자"(히 10:19-22)고 말씀합니다.

"내가 그들 중에 거할 성소를 지으라" 하신 하나님은 임마누엘하시어서, "삭개오야 속히 내려오라 내가 오늘 네 집에 유하여야 하겠다"(눅 19:5), 즉 형제의 집에 유하시겠다 하십니다. 더욱 놀라운 것은 "너희 몸은 너희가 하나님께로부터 받은바 너희 가운데 계신 성령의 전인 줄을 알지 못하느냐"(고전 6:19) 하십니다.

우리는 이 영광스러움이 어떻게 가능하여졌는가 하는 오직 은혜와 우리 안에 성령을 모셨다는 정체성을 망각하지를 말아야만 합니다. 이것이 "그들 중에 거할 성소를 지으라 하신 하나님"의 마음입니다.

내게 성령 임하고 그 크신 사랑 나의 맘에 가득 채우며

모든 공포 내게서 물리치시니 내 맘 항상 주 안에 있겠네

나의 모든 것 변하고 그 피로 구속 받았네

하나님은 나의 구원되시오니 내게 정죄함 없겠네. (421장)

28:1-22 분석도표

주제 : 이러한 대제사장이 우리에게 있는 것이라

<table>
<tr><td rowspan="2">영화롭고 아름다운 성의</td><td>

1-5

1 너는 이스라엘 자손 중 네 형 아론과 그의 아들들 곧 아론과 아론의 아들들
나답과 아비후와 엘르아살과 이다말을 그와 함께 네게로 나아오게 하여

나를 섬기는 제사장 직분을 행하게 하되

2 네 형 아론을 위하여 **거룩한 옷을 지어 영화롭고 아름답게 할지니**

3 너는 무릇 마음에 지혜 있는 모든 자 곧 내가 지혜로운 영으로 채운 자들에게 말하여

아론의 옷을 지어 그를 거룩하게 하여 내게 제사장 직분을 행하게 하라

4 그들이 지을 옷은 이러하니 곧

흉패와 에봇과 겉옷과 반포 속옷과 관과 띠라
그들이 네 형 아론과 그 아들들을 위하여 거룩한 옷을 지어
아론이 내게 제사장 직분을 행하게 하라

5 그들이 쓸 것은 금 실과 청색 자색 홍색 실과 가늘게 곤 베 실이니라

</td></tr>
</table>

<table>
<tr><td rowspan="2">에봇의 견대와 흉패</td><td>

6-22

6 그들이 금 실과 청색 자색 홍색 실과 가늘게 곤 베 실로 정교하게 짜서

에봇을 짓되

7 그것에 **어깨받이 둘을 달아** 그 두 끝을 이어지게 하고

8 에봇 위에 매는 띠는 에봇 짜는 법으로 금 실과 청색 자색 홍색 실과 가늘게 곤 베 실로
에봇에 정교하게 붙여 짤지며

9 **호마노 두 개를 가져다가 그 위에 이스라엘 아들들의 이름을 새기되**

10 그들의 나이대로 여섯 이름을 한 보석에, 나머지 여섯 이름은 다른 보석에 새기라

11 보석을 새기는 자가 도장에 새김 같이
너는 이스라엘 아들들의 이름을 그 두 보석에 새겨 금 테에 물리고

12 **그 두 보석을 에봇의 두 어깨 받이에 붙여**
이스라엘 아들들의 기념 보석을 삼되
아론이 여호와 앞에서 그들의 이름을 그 두 어깨에 메워서 기념이 되게 할지며

15 **너는 판결 흉패를 에봇 짜는 방법으로**
금 실과 청색 자색 홍색 실과 가늘게 곤 베 실로 정교하게 짜서 만들되

17 **그것에 네 줄로 보석을 물리되** 첫 줄은 홍보석 황옥 녹주옥이요

18 둘째 줄은 석류석 남보석 홍마노요

19 셋째 줄은 호박 백마노 자수정이요

20 넷째 줄은 녹보석 호마노 벽옥으로 다 금 테에 물릴지니

21 **이 보석들은 이스라엘 아들들의 이름대로 열둘이라**
보석마다 열두 지파의 한 이름씩 도장을 새기는 법으로 새기고

22 순금으로 노끈처럼 땋은 사슬을 흉패 위에 붙이고

</td></tr>
</table>

이러한 대제사장이 우리에게 있는 것이라

설교 작성노트

본문은 하나님을 섬길 제사장에 관한 내용인데 특히 제사장 옷의 양식을 자세하게 말씀한다는 점이다. 이를 주목하게 되는 것은 이것이 참 대제사장 되시는 예수 그리스도의 예표이기 때문이다. 이를 증언하려는 것이 내용목적이요, 이제는 성도들이 "예수 그리스도로 말미암아 하나님이 기쁘게 받으실 신령한 제사를 드릴 거룩한 제사장"(벧전 2:5)이 되었다 는데 적용목적이 있다 하겠다.

성막 설계도를 말씀하신 하나님은 "네 형 아론과 그의 아들들을", 성막에서 "나를 섬기는 제사장 직분을 행하게 하라"(1)고, "제사장"에 관해 말씀하십니다. 하나님께서는 레위 지파 아론의 가문을 제사장 직분을 행할 자로 택하셨습니다. "이 존귀는 아무도 스스로 취하지 못하고 오직 아론과 같이 하나님의 부르심을 받은 자라야 할 것이니라"(히 5:4)한, 참으로 존귀한 축복입니다.

그렇다면 "제사장"이 왜 필요하게 되었고, 그의 직분(職分)이 무엇인가 하는 점입니다. 죄를 범함으로 하나님 존전에서 추방당한 인간은 "대속제물"과 이를 드려줄 "제사장"을 통해서만 하나님과 교제할 수가 있게 되었기 때문입니다.

이점이 제사장의 복식을 통해서 분명히 계시되어 있는데 28장은 "네 형 아론을 위하여 거룩한 옷을 지어 영화롭고 아름답게 할지니"(2) 하신 제사장의 옷에 대한 내용이고, 29장에서는 제사장이 행해야 할 직무에 대해 말씀하십니다.

이를 주목하게 되는 첫째는 "장래 좋은 일의 대제사장으로 오실"(히 9:11) 예수 그리스도에 대한 예표이기 때문이요, 둘째는, "너희도 산 돌

같이 신령한 집으로 세워지고 (성전), 예수 그리스도로 말미암아 하나
님이 기쁘게 받으실 신령한 제사를 드릴 거룩한 제사장이 될지니라"
(벧전 2:5)하신 "왕 같은 제사장"으로 삼아주신 우리 자신의 정체성을 깨
닫게 하는 말씀이기 때문입니다.

그러므로 본문을 상고할 때에 먼저는 예표로 세우신 대제사장 아론
의 복식을 통해서 참 대제사장 되시는 그리스도의 영화로우심과 사명
을 깨달아야 하고, 둘째로 "왕 같은 제사장"으로 삼아주신 우리 자신의
정체성을 각성해야만 하는 것입니다.

우리가 상고해야 할 제사장의 복식은 "흉패와 에봇과 겉옷과 반포
속옷과 관과 띠"(4)에 관한 것인데 최우선적으로, "그들이 금실과 청색
자색 홍색 실과 가늘게 꼰 베 실로 정교하게 짜서 에봇을 짓되"(6)하고
"에봇"을 말씀하십니다.

에봇은 겉옷 위에 입는 일종의 조끼와 같은 것인데 에봇은 제사장
됨을 나타내는 옷으로(삼상 2:18, 호 3:4), "에봇"이 없다면 그는 제사장이
아닌 것입니다. 그러므로 제사장의 복식 중에서 가장 중요한 의미가
있는 것이 "에봇"입니다. 그래서 본문에는 "에봇"이라는 말을 12번이
나 언급하면서 강조되어 있는데 어떤 면에서 중요한 의미가 있는가?

㉠ "호마노 두 개를 가져다가 그 위에 이스라엘 아들들의 이름을 새

기되", 즉 열두 지파의 이름을 한 호마노에 여섯 지파 씩 새겨서(9), "그 두 보석을 에봇의 두 어깨 받이(견대)에 붙여, 아론이 여호와 앞에서 그들의 이름을 그 두 어깨에 메워서 기념이 되게 할지며"(12)하십니다.

이에 대한 신령한 의미는 분명합니다. 이는 대제사장이 수행하는 제사 의식이 개인 자격으로가 아니라 이스라엘 열두 지파를 대표해서 수행한다는 점을 나타냅니다. 좀 더 실감 있게 표현을 한다면 대제사장이 하나님께 나아갈 때에 열두 지파를 어깨에 메고 하나님께 나아가고 있는 것이라고 말할 수가 있는 것입니다. 이점이 계속해서 말씀하시는 흉패(胸牌)를 통해서도 나타나고 있습니다.

ⓛ"너는 판결 흉패(胸牌)를 에봇 짜는 방법으로 금실과 청색 자색 홍색 실과 가늘게 꼰 베 실로 정교하게 짜서 만들라"(15)하십니다. "흉패" 란 에봇의 가슴부분에 정승들의 옷처럼 붙이는 것인데 "흉패"에는 열두 보석을 달라 하십니다. "이 보석들은 이스라엘 아들들의 이름대로 열둘이라 보석마다 열두 지파의 한 이름씩 도장을 새기는 법으로 새기고, 흉패 위에 붙이라"(21-22)하십니다.

그러니까 대제사장이 성소에 들어갈 때에는 "이스라엘 아들들의 이름(즉 열두 지파)을 기록한 이 판결 흉패를 가슴에 붙여 여호와 앞에 영원한 기념을 삼을 것이니라"(29), 즉 열두 지파를 대표하여 들어가는 것이라는 뜻입니다. 이렇게 명하시는 신령한 의미는 분명합니다.

대제사장이 하나님 앞에 나아갈 때에는 비록 혼자 나아가고 있지

만, 열두 지파를 어깨에 메고, 가슴에 안고 들어가는 것과 같은 것입니다. 이 모형을 통해서 보여주시고자 하는 계시가 무엇이겠습니까?

신약성경은 해설해주기를 "그리스도께서는 장래 좋은 일의 대제사장으로 오사 손으로 짓지 아니한 것 곧 이 창조에 속하지 아니한 더 크고 온전한 장막으로 말미암아 염소와 송아지의 피로 하지 아니하고 오직 자기의 피로 영원한 속죄를 이루사 단번에 성소에 들어가셨느니라"(히 9:11-12)고 말씀합니다.

두 가지로 요약할 수가 있는데 첫째는 주님께서 대속제물로 십자가에 달리실 때에 비록 혼자 달리셨으나 그 어깨에는 영적 이스라엘 자손들을 메고, 가슴에는 그들을 품고 대표자로써 담당하셨다는 점을 나타내고, 둘째는 구약의 대제사장이 백성의 죄를 대속한 피를 가지고 지성소에 들어가듯이 "오직 자기의 피로 영원한 속죄를 이루사 단번에 성소에 들어가셨다"는 뜻입니다.

"성소에 들어 가셨다"는 말이 중요한데 이는 땅에 있는 성막의 성소가 아니라, "그리스도께서는 참 것의 그림자인 손으로 만든 성소에 들어가지 아니하시고 바로 그 하늘에 들어가사 이제 우리를 위하여 하나님 앞에 나타나시고"(9:24)한, 하늘 성소를 가리킵니다.

또한 하나님 앞에 들어가신 것만이 아니라 "이는 그가 항상 살아 계서서 그들을 위하여 간구하심이라"(히 7:25)고 말씀합니다. 로마서에서도 "죽으실 뿐 아니라 다시 살아나신 이는 그리스도 예수시니 그는 하나님 우편에 계신 자요 우리를 위하여 간구하는 자시니라"(롬 8:34)고 말씀합니다.

하늘 성소에 들어가셔서 간구하고 계시는 우리의 대제사장의 "견대와 흉패"에 형제의 이름이 새겨져 있음을 생각해보십시오. "어깨"(견대)는 힘을 상징하고, 가슴(흉패)은 사랑을 나타냅니다. 주님은 어깨에 형제를 메고, 가슴에 형제를 품고 간구하고 계신다는 말씀입니다.

하나님은 "내가 어떻게 독수리 날개로 너희를 〈업어〉 내게로 인도하였음을 너희가 보았느니라"(19:4)고 말씀합니다. 모세도 회상하기를, "광야에서도 너희가 당하였거니와 사람이 자기의 아들을 안는 것 같이 너희의 하나님 여호와께서 너희가 걸어온 길에서 너희를 〈안으사〉 이 곳까지 이르게 하셨느니라"(신 1:31)고 말씀합니다.

하나님은 말씀하십니다. "야곱의 집이여 이스라엘 집에 남은 모든 자여 내게 들을지어다 배에서 태어남으로부터 내게 〈안겼고〉 태에서 남으로부터 내게 〈업힌 너희여〉 너희가 노년에 이르기까지 내가 그리하겠고 백발이 되기까지 내가 너희를 품을 것이라 내가 지었은즉 내가 업을 것이요 내가 품고 구하여 내리라 "(사 46:3-4)하십니다.

이점을 사도 바울은, "그러므로 너희가 그리스도와 함께 다시 살리심을 받았으면 위의 것을 찾으라 거기는 그리스도께서 하나님 우편에 앉아 계시느니라 위의 것을 생각하고 땅의 것을 생각하지 말라 이는 너희가 죽었고 너희 생명이 그리스도와 함께 하나님 안에 감추어졌음이라"합니다. 그리고 여기가 끝이 아니라, "우리 생명이신 그리스도께서 나타나실 그 때에 너희도 그와 함께 영광 중에 나타나리라"(골 3:1-4)고 말씀합니다. 그래도 부족합니까? 하나님은 이 예표를 통해서, "이러한 대제사장"(히 8:1)을 우리가 모셨다는 것이 얼마나 복스러운 일인가를 계시하시려는 것입니다.

구속사의 관점은 여기서 멈추는 것이 아니라 한 걸음 더 나아가야만 합니다. 왜냐하면 이 영광스러움이 예수 그리스도의 구속으로 말미암아 우리에게 적용이 되기 때문입니다.

㉠ 성도들의 신분은 하나님의 자녀요, 지위(地位)는 "왕 같은 제사장"입니다.

㉡ "왕 같은 제사장들"에게는, "영화롭고 아름다운" 옷(슥 3:4), 즉 "칭의"를 입혀주셨습니다. 이점을 이사야 선지자는, "내가 여호와로 말미암아 크게 기뻐하며 내 영혼이 나의 하나님으로 말미암아 즐거워하리니 이는 그가 구원의 옷을 내게 입히시며 공의의 겉옷을 내게 더하심이 신랑이 사모를 쓰며 신부가 자기 보석으로 단장함 같게 하셨음이라"(사

61:10)고 예언하고, 스가랴 선지자는 "그 더러운 옷을 벗기라, 내가 네 죄악을 제거하여 버렸으니 네게 아름다운 옷을 입히리라"(슥 3:4)하십니다.

ⓔ 영화로운 직분만큼 그 책임 또한 중하다는 점을 명심해야만 합니다. 하나님 앞에 나아가는 형제의 견대에는 누구들의 이름이 새겨져 있습니까? 형제는 하나님께 나아갈 때에 가슴에 누구들을 품고 나아가고 있습니까? "너희를 인도하는 자들에게 순종하고 복종하라 그들은 너희 영혼을 위하여 경성하기를 자신들이 청산할 자인 것 같이 하느니라"(히 13:17)고 말씀합니다. 형제가 누군가를 위해서 기도할 때 그를 어깨에 메고, 가슴에 안고 기도하고 있다는 점을 기억하시기를 바랍니다.

또한 "나로 이방인을 위하여 그리스도 예수의 일꾼이 되어 하나님의 복음의 제사장 직분을 하게 하사 이방인을 제물로 드리는 것이 성령 안에서 거룩하게 되어 받으실 만하게 하려 하심이라"(롬 15:16) 한, 영혼을 구원하여 하나님께 제물로 드려야 하는 것이 제사장 직분인 것입니다. 이것이 에봇의 견대와 흉패에 이름을 새기라 하신 적용입니다. "이러한 대제사장이 우리에게 있다"는 것은 참으로 복스러운 일이요, 우리가 "왕 같은 제사장"이 되었다는 것은 참으로 두렵고 떨리는 직분인 것입니다.

성자의 귀한 몸 날 위하여 버리신 그 사랑 고마워라

내 머리 숙여서 주님께 비는 말 나 무엇 주님께 바치리까

지금도 날 위해 간구하심 이 옅은 믿음이 아옵나니

주님의 참 사랑 고맙고 놀라워 찬송과 기도를 쉬지 않네. (216장)

출애굽기 28:31-43 분석도표

주제 : 금방울 소리를 듣고 있습니까?

찢어지지 않게

31-35

31 너는 에봇 받침 | 겉옷을 전부 청색으로 하되 |

그 주위에 갑옷 깃 같이 깃을 짜서 찢어지지 않게 하고

32 두 어깨 사이에 머리 들어갈 구멍을 내고

33 그 옷 가장자리로 돌아가며

청색 자색 홍색 실로 석류를 수 놓고 | 금 방울을 간격을 두어 달되 |

34 그 옷 가장자리로 돌아가며 한 금 방울, 한 석류, 한 금 방울, 한 석류가 있게 하라

35 아론이 입고 | 여호와를 섬기러 성소에 들어갈 때와 성소에서 나올 때에 그 소리가 들릴 것이라 그리하면 그가 죽지 아니하리라 |

여호와께 성결

36-39

36 너는 또 순금으로 | 패를 만들어 | 도장을 새기는 법으로 그 위에 새기되

여호와께 성결' 이라 하고 | 관 전면에 있게 하라 |

37 그 패를 청색 끈으로 관 위에 매되 곧

38 이 패를 아론의 이마에 두어 그가 이스라엘 자손이 거룩하게 드리는 성물과 관련된 죄책을 담당하게 하라

그 패가 아론의 이마에 늘 있으므로 그 성물을 여호와께서 받으시게 되리라

39 너는 가는 베 실로 반포 **속옷을 짜고** 가는 베 실로 **관을 만들고 띠를** 수놓아 만들지니라

베로만든 속바지

40-43

40 너는 아론의 아들들을 위하여 | 속옷을 만들며 | 그들을 위하여 띠를 만들며

그들을 위하여 관을 만들어 영화롭고 아름답게 하되

41 너는 그것들로 네 형 아론과 그와 함께 한 그의 아들들에게 입히고

그들에게 기름을 부어 위임하고 거룩하게 하여 그들이 제사장 직분을 내게 행하게 할지며

42 또 그들을 위하여 베로 속바지를 만들어

허리에서부터 두 넓적다리까지 이르게 하여 하체를 가리게 하라

43 아론과 그의 아들들이 회막에 들어갈 때에나 제단에 가까이 하여 거룩한 곳에서 섬길 때에 그것들을 입어야 죄를 짊어진 채 죽지 아니하리니 그와 그의 후손이 영원히 지킬 규례니라

금방울 소리를 듣고 있습니까?

설교 작성노트

28장은 성막에서 하나님을 섬길 제사장의 "거룩한 옷을 지어 영화롭고 아름답게 꾸미라"(2) 명하신 내용의 계속이다. 앞부분에서는 "에봇·견대·흉패"의 양식을 말씀했는데 뒷부분에서는 "겉옷·관의 패·속옷" 등을 말씀한다. 하나님께서 명하신 대로 꾸민 제사장의 모습은 실로 거룩하고 아름답고 영화로운 모습이었다. 이 모습은 참 대제사장 되시는 그리스도를 예표한다.

그러면 "겉옷·관의 패·속옷" 등에 대한 구속사적 의미가 무엇인가를 증언하려는 것이 내용목적이요, 이를 통해서 "왕 같은 제사장"으로 세워주신 그리스도인, 특히 목회자의 정체성을 각성하자는 것이 적용목적이라 하겠다.

강론

지난 시간에는 대제사장의 "에봇·견대·흉패"의 양식에 대해서 말씀했는데 오늘은 제사장의 "겉옷과 관에 붙일 패와 속옷" 등의 식양을 말씀하는 내용입니다. 이 말씀이 1차적으로는 참 대제사장 되시는 그리스도에 대한 예표입니다만 그리스도의 속량으로 말미암아 "왕 같은 제사장"으로 세움을 받은 성도들에게 적용이 된다는 점에서 중요한 의미가 있는 것입니다.

① 첫째로 "너는 에봇 받침 겉옷을 전부 청색으로 하라"(31)고, 조끼와 같은 에봇 안에 입을 "겉옷"에 대해 명하십니다. 왜 청색으로 하라 하시는가? 여러 가지 설명이 가해집니다만 신약성경 히브리서 기자가, "이것들에 관하여는 이제 낱낱이 말할 수 없노라"(히 9:5)한 것 같이 분명하게 드러난 것만으로도 족하다 하겠습니다.

겉옷 양식을 통해서 말씀하고자 하는 중요한 요점은 분명합니다. 첫째는 "두 어깨 사이에 머리 들어갈 구멍을 내고 그 주위에 갑옷 깃 같이 깃을 짜서 찢어지지 않게 하라"(32)고 명하신, "찢어지지 않게 하라"(32)는 의미입니다.

어찌하여 "찢어짐"을 방지하기 위해서 "갑옷 깃"같이 하라고 명하시는 의도가 무엇일까요? 성경에서 옷을 찢는 행위는 극도의 비통함과 절망을 나타내는 행위입니다(삿 11:35, 왕하 19:1). 그러므로 백성을 대표하여 하나님을 섬기는 제사장은 어떠한 경우에도 "옷을 찢거나 머리를 풀어서"는, 즉 비통해하고 절망을 해서는 안 된다는 것입니다.

이점을 레위기에서는 "관유로 부음을 받고 위임되어 그 예복을 입은 대제사장은 그의 머리를 풀지 말며 그의 옷을 찢지 말며 어떤 시체에든지 가까이 하지 말지니 그의 부모로 말미암아서도 더러워지게 하지 말라"하십니다. 왜냐하면 "이는 하나님께서 성별하신 관유가 그 위에 있기"(레 21:10-12)때문이라는 것입니다.

"관유"는 "성령"을 상징하는데 기름 부음을 받은 제사장이 비통해하고 절망하여 "머리를 풀거나 옷을 찢는다"면, "관유"를 속되게 하는 것, 즉 구원계획을 주권적으로 성취해 나가시는 하나님의 이름을 모독하는 것이며, 불신앙이 되기 때문이라는 것입니다.

또한 백성을 대표하여 하나님을 섬기는 제사장이 불신앙과 절망에 빠진다면 제사장을 통해서 위로와 소망을 받아야 할 백성들은 어찌 하라는 말입니까? 그러므로 아론의 두 아들이 다른 불로 분향을 하다가 죽임을 당했을 때에도 모세는 아론에게, "너희는 머리를 풀거나 옷을 찢지 말라 그리하여 너희가 죽음을 면하고 여호와의 진노가 온 회중에게 미침을 면하게 하라"(레 10:6)고 경계했던 것입니다. 왜냐하면, "여호와의 관유"로 부음을 받았기 때문이라는 것입니다.

　그래서 고의적으로 옷을 찢는 것은 물론이요, 겉옷을 입고 벗을 때에 실수(失手)로라도 찢어지지 않도록 머리 들어갈 구멍을 마치 장수들의 갑옷 깃같이 견고하게 짜서 만들라고 명하셨던 것입니다. 그런데 "왕 같은 제사장"으로 세움을 입은 우리는 어떻게 하고 있는가 돌아보게 합니다.

　② 두 번째 요점으로 겉옷 가장자리에 "돌아가며 청색 자색 홍색 실로 석류를 수놓고 금방울을 간격을 두어 달라"(33)고 명하시는 의도입니다. 왜 "금방울"을 달라 하시는가? 하나님의 의도가, "아론이 입고 여호와를 섬기러 성소에 들어갈 때와 성소에서 나올 때에 그 소리가 들릴 것이라 그리하면 그가 죽지 아니하리라"(35)는 말씀에 나타납니다. 말할 것도 없이 "금방울 소리"에 죽지 않게 하는 어떤 능력이 있는 것이 아님은 분명합니다.

　"죽지 아니하리라" 하신 말씀은 모세가 아론에게, "너희는 머리를 풀거나 옷을 찢지 말라 그리하여 너희가 죽음을 면하라"한 말과 결부가 되는 것으로 죄인이 하나님을 가까이 한다는 것은 "심히 두렵고 떨리는"(히 12:21) 일인 것입니다. 그렇다면 움직일 때마다 들리는 금방울 소리는 대제사장의 마음이 해이해지지 않도록 경성(警醒)케 하는 자명종(自鳴鐘)과 같은 의미가 있는 것으로 여겨집니다.

　이런 하나님의 의도가 백성들에게는, "대대로 그들의 옷단 귀에 술을 만들고 청색 끈을 그 귀의 술에 더하라 이 술은 너희가 보고 여호와의 모든 계명을 기억하여 준행하고 너희를 방종하게 하는 자신의 마음과 눈의 욕심을 따라 음행하지 않게 하기 위함이라"(민 15:38-39) 하신 말씀으로 나타납니다. 다른 점은 대제사장의 옷에는 "술" 대신 소리가 나는 "금방울"을 달라 하신 점인데 "술과 금방울" 중 어느 것이 더욱 경성하게 하겠습니까?

그렇다면 대제사장이 지성소에 들어가서 하나님을 섬길 때에 금방울 소리를 들으면서 더욱 경성케 하기 위해서임을 깨닫게 됩니다. 형제는 움직일 때마다 울리는 저 금방울 소리를 듣고 있습니까!

③ 세 번째 요점은, "너는 또 순금으로 패(牌)를 만들어 도장을 새기는 법으로 그 위에 새기되 '여호와께 성결'이라 하고 그 패를 청색 끈으로 관 위에 매되 곧 관 전면에 있게 하라"(36-37)하신 의도입니다.

이 패는 대제사장이 쓰는 관(모자)의 전면에 붙이는 마크입니다. 경찰 모자의 전면에는 경찰 마크가 붙어 있듯이 이 패는 그 사람의 신분을 나타내는 것입니다. 대제사장이 쓸 관(冠)의 패에는 "여호와께 성결"이라는 글을 새겨서 붙이라고 말씀합니다. "그 패가 아론의 이마에 늘 있으므로 그 성물을 여호와께서 받으시게 되리라"(38) 하십니다.

그러므로 만일 "여호와께 성결"이라는 "패"가 없다면 그는 부정하여 그가 드리는 성물을 하나님은 받으실 수가 없으시다는 말씀이 됩니다. 그렇다면 "여호와께 성결"이라는 이 패의 의미가 무엇일까요? 여기에는 윤리적인 의미와 신학적인 의미가 있다고 여겨집니다.

㉠ 첫째는 대제사장은 하나님께서 택하셔서 관유로 부음을 받은 "구별된 자"라는 직분을 나타냅니다. 그러므로 대제사장에게는 윤리적으로 고도의 성결이 요구되고 있음을 의미합니다.

㉡ 그런데 둘째는 신학적인 의미인데 대제사장도 자신을 위하여 속죄제(29:14, 히 7:27)를 드려야 한다는 점입니다. 이것은 무엇을 나타내는가? 그도 연약에 쌓여 있는 죄인임을 나타냅니다. 그러므로 "여호와께 성결"이라는 의미를 두 방면으로 구할 수가 있는데 먼저는 흠이 없으신 그리스도를 예표하는 인물이라는 점이고, 둘째는 그러나 인간 대제사장은 그 누구도 율법의 행위로는 "여호와께 성결"을 온전히 이룰 수 없다는 점입니다.

이점에서 구속사적인 의미가 대두되는데 "여호와께 성결"이라는 패가 있으므로 "그 성물을 여호와께서 받으시게 되리라"(38) 하심은 자기 의로는 불가능하고 "칭의"(稱義)와 같은 의미로 보아야 한다는 점입니다. 하나님께서 아벨과 그의 제물을 받으심도 아벨의 의가 아닌 "믿음으로 의롭다"는 증거를 얻었기 때문에 가능했던 것이요, 우리의 기도가 상달이 되는 것도 오직 대속의 피를 힘입기 때문입니다.

그 예를 스가랴서 3장에서 대하게 되는데 대제사장 여호수아가 더러운 옷을 입고 있는 모습과 사탄이 그의 우편에서 대적하는 장면을 보여주십니다. 우리 중에 자기 행위로 "더러운 옷"을 입고 있지 않을 자가 있단 말입니까? 그러므로 이 문제를 대제사장 자신이 해결할 수가 있었는가? 아닙니다. 하나님께서 "그 더러운 옷을 벗기라 하시고 또 여호수아에게 이르시되 내가 네 죄악을 제거하여 버렸으니 네게 아름다운 옷을 입히리라"(슥 3:4) 하십니다.

이점이 본문에서는 "또 그들을 위하여 베로 속바지를 만들어 허리에서부터 두 넓적다리까지 이르게 하여 하체를 가리게 하라"(42)는 말씀으로 나타납니다. 이를 레위기 16장에서는 "아론이 성소에 들어오려면 수송아지를 속죄제물로 삼고 숫양을 번제물로 삼고 거룩한 세마포 속옷을 입으며 세마포 속바지를 몸에 입고 세마포 띠를 띠며 세마포 관을 쓸지니 이것들은 거룩한 옷이라 물로 그의 몸을 씻고 입을 것이며"(레 16:3-4)라고 명하십니다. "속죄제물과 세마포"가 결부가 되어 있다면 이 "세마포"옷은 칭의를 의미한다 하겠습니다. 이처럼 제사장의 "속옷과 관에 붙어 있는 패"에는 윤리적인 면과 아울러 신학적인 의미가 있다 하겠습니다.

형제여, 우리의 이마에는 항상 "여호와께 성결"이라는 패가 붙어있다는 점을 명심하십시다. 그리고 육신의 연약으로 말미암아 혹시 넘어져 사탄의 송사를 당할 때에도 머리를 풀거나 옷을 찢어서는 절대로 안 됩니다. 그럴 경우 넘어졌던 우리를 벌떡 일어나게 하는 말씀은, "그 더러운 옷을 벗기라 하시고, 내가 네 죄악을 제거하여 버렸으니 네게 아름다운 옷을 입히리라"하신 주님께서 죽으시고 다시 사심을 통해서 마련해주신 "칭의"라는 점을 놓치지 마시기를 바랍니다. 이것이 "금방울 소리와 여호와께 성결"의 의미입니다.

바라던 천국 올라가 하나님 앞에 뵈올 때
구주의 의를 힘입어 어엿이 바로 서리라
주 나의 반석이시니 그 위에 내가 서리라
그 위에 내가 서리라. (488장)

출애굽기 30:1-21 분석도표

주제 : 향단 · 속전 · 물두멍의 구속사적 의미

향단

1-10

1 너는 분향할 제단을 만들지니 곧 조각목으로 만들되

2 길이가 한 규빗, 너비가 한 규빗으로 네모가 반듯하게 하고 높이는 두 규빗으로 하며 그 뿔을 그것과 이어지게 하고

3 제단 상면과 전후 좌우 면과 뿔을 순금으로 싸고 주위에 금 테를 두를지며

4 금 테 아래 양쪽에 금 고리 둘을 만들되 곧 그 양쪽에 만들지니 이는 제단을 메는 채를 꿸 곳이며

5 그 채를 조각목으로 만들고 금으로 싸고

6 그 제단을 증거궤 위 속죄소 맞은편 곧 증거궤 앞에 있는 휘장 밖에 두라 그 속죄소는 내가 너와 만날 곳이며

7 아론이 아침마다 그 위에 향기로운 향을 사르되 등불을 손질할 때에 사를 지며

8 또 저녁 때 등불을 켤 때에 사를지니 이 향은 너희가 대대로 여호와 앞에 끊지 못할지며

9 너희는 그 위에 다른 향을 사르지 말며 번제나 소제를 드리지 말며 전제의 술을 붓지 말며

10 아론이 일 년에 한 번씩 이 향단 뿔을 위하여 속죄하되 속죄제의 피로 일 년에 한 번씩 대대로 속죄할지니라 이 제단은 여호와께 지극히 거룩하니라

생명의 속전

11-16

11 여호와께서 모세에게 말씀하여 이르시되

12 네가 이스라엘 자손의 수효를 조사할 때에 자기의 생명의 속전을 여호와께 드릴지니 그들 중에 질병이 없게 하려 함이라 조사 받은 각 사람은 그들을 계수할 때에 이는 그들을 계수할 때에

13 무릇 계수 중에 드는 자마다 성소의 세겔로 반 세겔을 낼지니 한 세겔은 이십 게라라 그 반 세겔을 여호와께 드릴지며

14 계수 중에 드는 모든 자 곧 스무 살 이상 된 자가 여호와께 드리되

15 너희의 생명을 대속하기 위하여 여호와께 드릴 때에 부자라고 반 세겔에서 더 내지 말고 가난한 자라고 덜 내지 말지며

16 너는 이스라엘 자손에게서 속전을 취하여 회막 봉사에 쓰라 이것이 여호와 앞에서 이스라엘 자손의 기념이 되어서 너희의 생명을 대속하리라

물두멍

17-21

17 여호와께서 모세에게 말씀하여 이르시되

18 너는 물두멍을 놋으로 만들고 그 받침도 놋으로 만들어 씻게 하되 그것을 회막과 제단 사이에 두고 그 속에 물을 담으라

19 아론과 그의 아들들이 그 두멍에서 수족을 씻되

20 그들이 회막에 들어갈 때에 물로 씻어 죽기를 면할 것이요 제단에 가까이 가서 그 직분을 행하여 여호와 앞에 화제를 사를 때에도 그리 할지니라

21 이와 같이 그들이 그 수족을 씻어 죽기를 면할지니 이는 그와 그의 자손이 대대로 영원히 지킬 규례니라

향단·속전·물두멍의 구속사적 의미

설교 작성노트

본문의 내용은 분향할 단(1)과 물두멍(18)의 양식에 관한 것이다. 그런데 "향단(첫째 단원)과 물두멍"(셋째 단원)의 양식을 말씀하는 중간에, "생명의 속전"(12)(둘째 단원)에 관한 말씀이 들어 있는 구조라는 점을 주목해야 한다. 그러면 "향단과 물두멍과 생명의 속전"이 어떤 관계가 있으며 이에 대한 구속사적인 의미가 무엇인가? 이를 증언하려는 것이 내용목적이다.

그런데 "그들이 회막에 들어갈 때에 (물두멍의) 물로 씻어 죽기를 면할 것이요"라고, "죽기를 면하라"는 경고가 2번(20, 21)이나 강조되어 있다. 그러면 아침저녁으로 "향을 사르라"(7-8)하신, "향을 사르라는 것과 물로 씻으라"는 것이 신약의 성도들에게는 어떤 의미가 있는가? 여기에 적용목적이 있다 하겠다.

강론

본문의 내용은 "향단(1)·생명의 속전(12)·물두멍"(18)이라는 세 가지 주제로 되어 있습니다. 그러면 이에 대한 구속사적인 의미가 무엇인가 하는 점입니다.

① 이해를 돕기 위해서 "생명의 속전"이라는 주제부터 말씀을 드리겠습니다. 12절을 함께 봉독하겠습니다. 세 마디로 되어 있는데
㉠ "자손의 수효를 조사할 때에",
㉡ "생명의 속전을 여호와께 드릴지니",
㉢ 왜냐하면 "질병이 없게 하려 함이라"하십니다. 본문의 "질병"이란 흑사병과 같은 역병을 일컫는 말로 곧 죽음을 뜻합니다. 생명의 속전을 드리지 않으면 죽음을 면할 수 없다는 뜻입니다.

그렇다면 구속사적인 의미는 분명해지는 것입니다. 구원 얻는 자의 계수에 들기(자손의 수효를 조사할 때) 위해서는 죄 값을 대신 지불하는 "속전"(贖錢), 즉 대속제물이 드려져야만 한다는 것입니다. 그렇지 않

으면 멸망을 당하게 된다는 것입니다.

이 예표가 신약성경에서는, "그가 모든 사람을 위하여 자기를 대속물로 주셨으니"(딤전 2:6)라고 실체로 성취되었다고 증언하고 있습니다. 형제가 구원을 얻은 자로 계수함을 받아 이름이 생명책에 오르게 된 것은 오직 예수 그리스도께서 죄 값은 사망인 속전을 대신 드려주셨기 때문이라는 점을 잊지 말아야만 합니다.

이점을 시편에서는, "자기의 재물을 의지하고 부유함을 자랑하는 자는 아무도 자기의 형제를 구원하지 못하며 그를 위한 속전을 하나님께 바치지도 못할 것은 그들의 생명을 속량하는 값이 너무 엄청나서 영원히 마련하지 못할 것임이니라"(시 49:6-8)고 진술합니다. 즉 아무리 재산이 많다하여도 생명의 속전은 금이나 은 같은 것으로는 불가능하고, 죄의 값은 사망이니 "피 흘림", 즉 죽음이 아니고는 사유함이 없다는 말씀입니다.

"네가 이스라엘 자손의 수효를 조사할 때에"(12)라는 말씀을 대하면서 어느 장면이 연상이 되십니까? 그렇습니다. 다윗이 인구를 계수하다가 하나님께 징벌을 받은 사건입니다. 이때 하나님은 세 가지 징벌을 제시하면서 택일(擇一)을 하라 하십니다. 왜 이렇게 하시는가? 이를 통해서 미련한 우리들을 깨우치시려는 바가 있으시기 때문입니다. 세 가지 징벌은 "혹 삼년 기근이든지, 혹 석 달을 적군에게 패하여 쫓길

일이든지, 혹 여호와의 칼 곧 전염병이 사흘 동안 유행하여 멸할 일이든지"(대상 21:12) 이 중에서 택일을 하라 하십니다.

다윗은 "여호와께서는 긍휼이 심히 크시니 내가 그의 손에 빠지고 사람의 손에 빠지지 아니하기를 원하나이다"고 대답합니다. 그러면 다윗은 몇 번의 징벌을 택한 것일까요? 이로 인하여 전염병으로 죽은 자가 "칠만 명이었더라"(대상 21:14) 하는 것을 보면, 다윗은 세 번째인 "전염병" 징벌을 택한 것이 됩니다. 그러면 다윗이 "여호와께서는 긍휼이 심히 크시다"(12)한 말이 어느 말씀과 결부가 되는지 아시겠습니까? 다윗의 선택을 구속사라는 맥락으로 바라보면, "그들을 계수할 때에 자기의 생명의 속전을 여호와께 드릴지니 이는 그들을 계수할 때에 그들 중에 질병이 없게 하려 함이라" 하신 본문 12절을 염두에 두고 한 말이 되는 것입니다. 그래서 "심히 크신 여호와의 긍휼"을 의지하겠다고 말했던 것입니다.

그러면 "긍휼히 심히 크신" 하나님께서는 죽임(전염병)을 당해 마땅한 우리들을 어떻게 구원해주셨습니까? 자기 아들로 "속전"을 지불하게 하심으로 구원해주셨던 것입니다. 이 점이 "오르난의 타작마당에 제단을 쌓고, 번제와 화목제를 드리니"(대상 21:18, 26) 전염병이 그쳤다는데서 명백하게 드러납니다. "번제와 화목제"는 대속제물로 대신 죽임을 당하실 그리스도를 예표하고 있는 것입니다. 참으로 하나님은 "긍휼"이 얼마나 심히 크신 분이신가!!

이런 맥락에서, "너희의 생명을 대속하기 위하여 여호와께 드릴 때에 부자라고 반 세겔에서 더 내지 말고 가난한 자라고 덜 내지 말지며"(15), 즉 모든 생명이 동일하게 귀중하다는 점과 동일한 값을 주고 사셨다는 점을 계시하시는 것입니다. 이것이 "속전"에 대한 구속사적인 의미입니다.

② 다음은 "너는 분향(焚香)할 제단을 만들지니"(1)하신 향단(香壇)의 구속사적인 의미를 생각해보겠습니다. 향단에서 오르는 향연(香煙)은 기도를 상징(계 8:3-4)하는데 문제는 누구의 기도를 상징하는가 하는 점입니다. 이 향단도 1차적으로는 주님께서 우리를 위하여 간구하시는 중보(中保)사역에 대한 모형인 것입니다.

그런데 여기 난제(難題)가 있습니다. 왜냐하면 구약성경에서는 향단의 위치를, "휘장 밖에 두라"(6)고 명하셨는데 신약성경에서는 금향로가 "휘장 안, 즉 지성소"(히 9:3-4)에 있는 것으로 증언하고 있기 때문입니다.

휘장 밖이냐? 휘장 안이냐? 그러면 질문을 드려보겠습니다. 죄로 말미암아 막혔던 휘장이 열려진 후에 제1차로 들어간 분이 누구인지 아시겠습니까? 히브리서 기자는, "그리로 앞서 가신 예수께서 멜기세덱의 반차를 따라 영원히 대제사장이 되어 우리를 위하여 들어 가셨느니라(히 6:19-20), 오직 자기의 피로 영원한 속죄를 이루사 단번에 성소에 들어가셨느니라"(히 9:12)고 그리스도시라고 말씀합니다.

이런 구속사적인 맥락에서 히브리서 기자는 휘장 밖에 있던 향로가 이제는 휘장 안에 있다고 진술하는 것으로 여겨집니다. 그렇습니다. 우리 주님은, "죽으실 뿐 아니라 다시 살아나신 이는 그리스도 예수시니 그는 하나님 우편에 계신 자요 우리를 위하여 간구하시는 자시니라"(롬 8:34), 즉 하늘 지성소에서 간구하고 계시는 것입니다.

형제여, 이제는 우리들도 구약의 성도들처럼 휘장 밖에서 기도하고 있는 것이 아닙니다. "우리를 위하여 휘장 가운데로 열어 놓으신" 휘장을 통과하여 "은혜의 보좌 앞에 담대히 나아간다"(히 10:20, 4:16)는 점을 명심하시기 바랍니다.

③ 끝으로 "너는 물두멍을 놋으로 만들고, 아론과 그의 아들들이 그 두멍에서 수족을 씻으라"(18-19)하신, "물두멍"의 구속사적 의미를 생각해보겠습니다. 만일 씻지 아니하면 어떻게 되는가? "그들이 회막에 들어갈 때에 물로 씻어 죽기를 면할 것이요"(20), 즉 죽게 된다는 것입니다. 이점을 히브리서에서는 "몸은 맑은 물로 씻음을 받았으니 참 마음과 온전한 믿음으로 하나님께 나아가자"(히 10:22)라고 증언합니다.

이점에서 생각하게 하는 점이 있는데 38장에 보면 "그가 놋으로 물두멍을 만들고 그 받침도 놋으로 하였으니 곧 회막 문에서 수종드는 여인들의 거울로 만들었더라"(38:8)고 말씀하고 있기 때문입니다. 유리를 발명하기 전에는 놋을 거울로 삼았는데 이 거울로 물두멍을 만들었다는 것은 무심한 것으로 여겨지지가 않습니다. 그러니까 거울을 통해서 자신의 죄을 깨닫고 물두멍에서 씻음을 받아야 할 것을 말씀하고 있는 것입니다.

출애굽기를 상고하면서 대하게 되는 점은 거듭거듭 "죽음"을 경고하고 있다는 점입니다. 시내 산에 강림하실 때도 "경계를 침범하지 말지니 침범하는 자는 반드시 죽임을 당할 것이라"(19:12, 21)고 경고하시고, 제사장의 옷과 결부해서도 "그것들을 입어야 죄를 짊어진 채 죽지 아니하리니"(28:43, 35)라고 경고하셨습니다.

이제 물두멍과 결부해서도 "그들이 회막에 들어갈 때에 물로 씻어 죽기를 면할 것이요"(20)라고 경고하십니다. 여기에 공통점이 있는데 모든 경우가 하나님을 가까이 하다가 죽임을 당한다고 경계하고 있다는 것입니다. 그렇다면 어찌하여 하나님을 가까이 하다가 죽임을 당하게 된다는 말인가? 그것은 분명합니다. 죄 때문입니다.

그런 처지에 있던 죄인들이 어떻게 해서 하나님과 화목하게 되고, 은혜 안에 들어감을 얻는 것이 가능해졌는가? "하나님이 죄를 알지도 못하신 이를 우리를 대신하여 죄로 삼으신 것은 우리로 하여금 그 안에서 하나님의 의가 되게 하려 하심이라"(고후 5:21)하신 "칭의"를 힘입어서뿐인 것입니다.

이제 끝으로 중요하면서도 성도들이 불확실한 가운데 있는 점을 말씀 드려야 하겠습니다. 그것은 죄 씻음을 받았다는 의미입니다. 다시 말하면 주님의 피로 죄 씻음을 받는다는 것이 구체적으로 어떻게 하는 것을 뜻하는가 하는 점입니다. 찬송가에서도 "예수 십자가에 흘린 피로써 그대는 씻기어 있는가" 하는데, 예수님의 피는 어디에 있으며, 예수님의 "피로 죄 씻음을 받는다"는 뜻이 무엇인가?

이는 구약성경과의 일관성을 위해 구약의 말씀을 그대로 차용한 표현인 것입니다. 구약시대는 속죄제를 드린 암송아지의 재를 간직해 두었다가 이를 물에 타서 실제로 씻음으로(민 19:9) 깨끗함을 받았던 것입니다.

그런데 신약시대는 "영에 있고 율법 조문에 있지 아니한 것이라"(롬 2:29), 즉 물리적인 의미가 아니라 영적으로 이루어지는 것입니다. 그러면 "물로 씻어 죽기를 면할 것이요"하신 영적인 의미가 무엇인가? "우리가 그의 피로 말미암아 의롭다 하심을 받았으니" 한 칭의(稱義)로 적용이 되는 것입니다. 이 칭의를 입음으로 "더욱 그로 말미암아 진노하심에서 구원을 받을 것이니"(롬 5:9), 즉 죽임을 당하지 않게 된다는 것입니다.

이점을 히브리서에서는 "염소와 황소의 피와 및 암송아지의 재를 부정한 자에게 뿌려 그 육체를 정결하게 하여 거룩하게 하거든 하물며 영원하신 성령으로 말미암아 흠 없는 자기를 하나님께 드린 그리스도의 피가 어찌 너희 양심을 죽은 행실에서 깨끗하게 하고 살아 계신 하나님을 섬기게 하지 못하겠느냐"(히 9:13-14)고 말씀합니다. 다시 말하면, "예수는 우리가 범죄한 것 때문에 내줌이 되고 또한 우리를 의롭다 하시기 위하여 살아나셨다"(롬 4:25)는 점을 인정하고 믿음으로 받는 것이, 예수 그리스도의 피로 죄 씻음을 받았다는 의미입니다.

그러므로 물두멍의 위치를 "회막과 제단(번제단) 사이에 두라"(18)고 명하시는 것입니다. 번제단, 즉 그리스도의 죽으심, 다시 말하면 피 흘림이 있음으로 물두멍, 즉 죄 씻음이 성립이 되는 것입니다. 그러므로 하나님 곧 성소에 들어가는 순서를 보면 먼저는 "번제단", 즉 대속제물이 되신 십자가를 통과해야만 하고, 다음으로 "물두멍"의 물로 씻고, 즉 그리스도의 피로 말미암아 의롭다함을 얻어 그 의를 힘입어 보좌 앞에 담대히 나아가는 것입니다. 그래야만 죽임을 면하게 된다는 것입니다. 이상 말씀 드린 것이 "향단·생명의 속전·물두멍"의 구속사적 의미입니다. 이제 분명합니까?

값 비싼 향유를 주께 드린 막달라 마리아 본 받아서
향기론 산 제물 주님께 바치리 사랑의 주 내 주님께
두려운 마음에 소망주고 슬픔에 싸인 자 위로 하며
길 잃은 자들을 친절히 이끌리 사랑의 주 내 주님께. (211장)

출애굽기 32:1-14 분석도표

주제 : 하나님의 신실하심과 인간의 배은망덕

<table>
<tr><td rowspan="2">금송아지 우상</td><td colspan="2">1-6</td></tr>
<tr><td>

1 백성이 모세가 산에서 내려옴이 더딤을 보고
일어나라 우리를 위하여 우리를 인도할 신을 만들라
인도하여 낸
2 아론이 그들에게 이르되 너희의 아내와 자녀의 귀에서
3 모든 백성이 그 귀에서
4 아론이 그들의 손에서 금 고리를 받아 부어서 조각칼로

그들이 말하되 이스라엘아 이는 너희를
하는지라
5 아론이 보고

6 이튿날에 그들이 일찍이 일어나
</td><td>

모여 백성이 아론에게 이르러 말하되
이 모세 곧 우리를 애굽 땅에서
사람은 어찌 되었는지 알지 못함이니라
금 고리를 빼어 내게로 가져오라
금 고리를 빼어 아론에게로 가져가매

┌─────────────────────────┐
│ **새겨 송아지 형상을 만드니** │
│ **애굽 땅에서 인도하여 낸 너희의 신이로다** │
└─────────────────────────┘

┌─────────────────────────┐
│ **그 앞에 제단을 쌓고** 이에 아론이 공포하여 이르되 │
│ **내일은 여호와의 절일이니라** 하니 │
│ **번제를 드리며 화목제를 드리고** │
│ **백성이 앉아서 먹고 마시며 일어나서 뛰놀더라** │
└─────────────────────────┘
</td></tr>
</table>

<table>
<tr><td rowspan="2">진노를 돌이키신 하나님</td><td colspan="2">7-14</td></tr>
<tr><td colspan="2">

7 여호와께서 모세에게 이르시되 너는 내려가라
　　　　네가 애굽 땅에서 인도하여 낸 네 백성이 부패하였도다
8 그들이 내가 그들에게 명령한 길을 속히 떠나 자기를 위하여 송아지를 부어 만들고
　그것을 예배하며 그것에게 제물을 드리며 말하기를 이스라엘아
　　　　이는 너희를 애굽 땅에서 인도하여 낸 너희 신이라 하였도다
9 여호와께서 또 모세에게 이르시되 내가 이 백성을 보니 목이 뻣뻣한 백성이로다
10 그런즉 내가 하는 대로 두라 **내가 그들에게 진노하여 그들을 진멸하고**
　　　　　　　　　　　　　　너를 큰 나라가 되게 하리라
11 모세가 그의 하나님 여호와께 구하여 이르되 여호와여 어찌하여 그 큰 권능과 강한 손으로
　애굽 땅에서 인도하여 내신 주의 백성에게 진노하시나이까
12 어찌하여 애굽 사람들이 이르기를 여호와가 자기의 백성을 산에서 죽이고 지면에서 진멸하
　려는 악한 의도로 인도해 내었다고 말하게 하시려 하나이까
　주의 맹렬한 노를 그치시고 뜻을 돌이키사 주의 백성에게 이 화를 내리지 마옵소서
13　　　　　　　　　**주의 종 아브라함과 이삭과 이스라엘을 기억하소서**
　　　　　　　　　　주께서 그들을 위하여 주를 가리켜 맹세하여 이르시기를
　　　　　　　　　　내가 너희의 자손을 하늘의 별처럼 많게 하고 내가 허락한
　이 온 땅을 너희의 자손에게 주어 **영원한 기업이 되게 하리라 하셨나이다**
14 여호와께서 뜻을 돌이키사 말씀하신 화를 그 백성에게 내리지 아니 하시니라
</td></tr>
</table>

하나님의 신실하심과
인간의 배은망덕

설교 작성노트

32장은 "백성이 모세가 산에서 내려옴이 더딤을 보고, 우리를 인도할 신을 우리를 위하여 만들라"(1)는 백성들의 요청에 응하여 아론이 "금송아지" 신상을 만든 내용이다. 이 말씀은 주님의 재림이 "더딤을 보고" 우리는 어떻게 하고 있는가를 점검하게 한다. 그러므로 주목해야 할 점은 시내 산상(山上)에서 하나님께서 모세에게 말씀하시는 은혜와 그 시각 산하(山下)에서 벌어지고 있는 배은망덕한 행위의 대조이다.

하나님께서 모세에게 명하시는 바는 하나님이 그들 가운데 거하실, "성막"과 하나님을 섬길 "제사장"에 관한 계시다. 이 모형과 예표의 성취자로 오신 예수 그리스도께서는 "내가 너희를 위하여 거처를 예비하리 가노니"(요 14:2)하고 승천하시어 하나님 우편에 계신다. 이를 증언하려는 것이 내용목적이요, 지상에 있는 교회는 주님의 재림이 더딘 듯 하니 어떻게 하고 있는가? 여기에 적용목적이 있다 하겠다.

강론

오늘 본문은 "백성이 모세가 산에서 내려옴이 더딤을 보고"(1), 이렇게 시작이 됩니다. 모세가 시내 산에 강림하신 하나님께로 올라간 것은 24:14절에서 장로들에게 "너희는 여기서 우리가 너희에게로 돌아오기까지 기다리라 아론과 훌이 너희와 함께 하리니 무릇 일이 있는 자는 그들에게로 나아갈지니라"고 당부를 하고 시내 산에 올라간 것입니다.

그러면 어찌하여 속히 내려오지 않고 무슨 일로 지체되고 있는가 하는 점을 간략하게나마 살펴보아야 마땅할 것입니다. 그 내용이 24장으로부터 31장까지입니다. 하나님께서 시내 산상에서 모세에게 말씀하신 내용이 무엇인지 기억하십니까?

첫째는 "내가 그들 중에 거할 성소를 그들이 나를 위하여 짓되 무릇 내가 네게 보이는 모양대로 장막을 짓고 기구들도 그 모양을 따라 지을지니라"(25:8-9)하신 성막(聖幕) 식양과 기구(器具)들의 식양이요,

둘째는 성막에서 섬길 제사장(祭司長)에 대한 규례 등입니다.

그러면 "성막"은 무엇에 대한 모형이며, 또한 "번제단·속죄소·떡상·등대·향단" 등의 기구는 무엇에 대한 모형입니까? 그리고 "제사장"은 누구에 대한 예표인지 형제는 말해줄 수가 있습니까?

이는 한 마디로 "인자가 (말씀이 육신을 입고 성막으로) 온 것은 섬김을 받으려 함이 아니라 도리어 섬기려 하고 자기 목숨을 많은 사람의 대속물로 주려 함이니라"(마 20:28), 즉 주님께서 대제사장이 되셔서 자신을 대속제물로 드려주실 것을 모형과 그림자로 계시하신 내용입니다.

이점을 신약성경에서는 "그들이 섬기는 것은 하늘에 있는 것의 모형과 그림자라 모세가 장막을 지으려 할 때에 지시하심을 얻음과 같으니 이르시되 삼가 모든 것을 산에서 네게 보이던 본을 따라 지으라 하셨느니라"(히 8:5)고 말씀합니다.

하나님은 우리를 구원하기 위해서 자기 아들을 대속제물로 보내실 계시를 말씀하고 계시는데 산 아래 있는 백성들은 "모세가 산에서 내려옴이 더딤을 보고" 어떻게 하고 있었습니까? "우리를 애굽 땅에서 인도하여 낸 사람은 어찌 되었는지 알지 못함이니라"하면서 금송아지 우상을 만들어 놓고는 "이는 너희를 애굽 땅에서 인도하여 낸 너희의 신이로다"(1:4) 했던 것입니다.

그냥 "신"이 아니라 자신들을 "애굽 땅에서 인도하여 낸 신"이라 했다는 것입니다. 이는 윤리적인 죄가 아니라 하나님을 배신하는 반역 죄(反逆罪)였던 것입니다.

그런데 이 일을 주도적으로 추진한 인물이 "아론"(2)이었다는 점입니다. 산 위에서는 "네 형 아론을 위하여 거룩한 옷을 지어 영화롭고 아름답게 할지니, 그를 거룩하게 하여 내게 제사장 직분을 행하게 하라"(28:2-3)고, 참 대제사장 되시는 그리스도를 예표하는 자로 아름답고 영화롭게 꾸미라고 말씀하고 계시는데 말입니다.

이점에서 심각하게 각성해야 할 점은

㉠ "그(금송아지) 앞에 제단을 쌓고 내일은 여호와의 절일이라" 공포하고는, "이튿날에 그들이 일찍이 일어나 번제를 드리며 화목제를 드리고 백성이 앉아서 먹고 마시며 일어나서 뛰놀더라"한 5-6절과,

㉡ "이른 아침에 일어나 산 아래에 제단을 쌓고, 여호와께 소로 번제와 화목제를 드리게 하고 먹고 마셨더라"(24:4-5, 11)한 대조입니다.

"금송아지" 우상에게 행한 의식(儀式)과 하나님께 행한 의식이 표면적으로 보면 꼭 같다는 점입니다. 단 한 가지 하나님 앞에서 행해야 할 것을 "그 앞", 즉 하나님이 계셔야 할 자리에 "금송아지"를 모셔놓았다는 점이 다르다는 점을 주목해야만 합니다. 이점은 오늘의 예배를 점검하게 합니다.

하나님은 "네 백성이 부패하였도다"(7)하십니다. "네 백성"이라 부르신다는 점을 주목하시기 바랍니다. 이런 배은망덕한 자들을 어찌 "내 백성"이라고 부르실 수가 있으셨겠습니까?

그리고 하신 말씀이 "그들을 진멸하고 너를 큰 나라가 되게 하리라"(10) 하십니다. 두 마디로 되어 있는데 첫째는 "진멸하겠다" 하십니다. 이는 화풀이가 아니라 반역에 대한 하나님의 공의의 발로라는 점을 인식해야만 합니다. 둘째로 "너를 큰 나라가 되게 하리라"하십니다. 이는 이스라엘의 선민(選民) 됨을 폐하시고 다른 나라를 들어 쓰시겠다는 뜻인 것입니다. 그러자 모세는 세 가지를 들어서 탄원합니다.

㉠ 첫째로 "여호와여 어찌하여 그 큰 권능과 강한 손으로 애굽 땅에서 인도하여 내신 주의 백성에게 진노하시나이까"(11) 하고 탄원합니다. 이는 하나님의 능력과 결부되는 간구로 하나님께서 저들을 큰 권능과 강한 손으로 애굽에서 인도하여 내실 때에는 약속의 땅으로 인도하기 위해서인데 이들을 광야에서 진멸하신다면 하나님의 전지전능이 손상을 받게 될 것이라는 뜻입니다.

이점을 민수기에서는 "이제 주께서 이 백성을 하나 같이 죽이시면 주의 명성을 들은 여러 나라가 말하여 이르기를 여호와가 이 백성에게 주기로 맹세한 땅에 인도할 능력이 없었으므로 광야에서 죽였다 하리이다"(민 14:15-16)라고 진술합니다.

ⓛ 둘째로 "어찌하여 애굽 사람들이 이르기를 여호와가 자기의 백성을 산에서 죽이고 지면에서 진멸하려는 악한 의도로 인도해 내었다고 말하게 하시려 하나이까"(12)라고 탄원합니다. 이는 하나님의 사랑과 선하심과 결부되는 간구입니다.

ⓒ 셋째로 결정적인 탄원을 하는데 "주의 종 아브라함과 이삭과 이스라엘을 기억하소서"합니다. 이는 족장들에게 언약하시고 맹세로 보증하여주신 메시아언약을 붙잡고 하는 탄원입니다. "맹세하여 이르시기를 내가 너희의 자손을 하늘의 별처럼 많게 하고 내가 허락한 이 온 땅을 너희의 자손에게 주어 영원한 기업이 되게 하리라 하셨나이다"(13) 합니다.

모세는 하나님의 "주권을 위하여, 명예를 위하여, 맹세로 언약하신 바를 위하여", 진멸하시려는 뜻을 돌이키시기를 탄원했던 것입니다. 그러자 "여호와께서 뜻을 돌이키사 말씀하신 화를 그 백성에게 내리지 아니 하시니라"(14)합니다.

그런데 이점에서 깨닫고 명심해야 할 점이 있는데 "뜻을 돌이키셨다"는 것으로 사건이 종결이 된 것이 아니라는 점입니다. 왜냐하면 하나님의 공의는 죄를 묵과하실 수가 없으시기 때문입니다. 이점은 하나님의 공의와 구속사를 이해하는데 결정적으로 중요한 요점입니다. 만일 "죄"가 들어왔는데도 "뜻을 돌이키심"으로 완결이 되는 것이라면 그리스도께서 대속제물로 십자가에 달리실 이유가 없는 것입니다.

그러므로 이를 깨닫기 위해서는 34:7절을 보아야만 합니다. "인자를 천대까지 베풀며 악과 과실과 죄를 용서하리라 그러나 벌을 면제하지는 아니하고 아버지의 악행을 자손 삼사 대까지 보응하리라"하십니다. 요약을 하면 "죄를 용서하리라, 그러나 벌을 면제하지는 아니 하겠다" 하십니다. 무슨 뜻인가? 우리 죄를 용서하시되 대신 자기 아들에게 담당시키시고 용서하시겠다는 뜻입니다.

이점이 아브라함에게 세워주신 메시아 언약에도 나타나는데, "네 씨로 말미암아 천하 만민이 복을 받게"(창 22:18) 되는 것이 어떤 방도에 의해서 가능해지는가를 생각해보시기를 바랍니다. "네 아들 네 사랑하는 독자 이삭을 번제로 드리라"(창 22:2), 즉 그리스도를 아브라함의 자손으로 보내셔서 대속제물이 되게 하심으로 가능해진다는 점을 잊지 말아야만 합니다.

시내 산상에서 모세에게 계시하신 성막 식양과 기구들의 식양은 한 마디로 자기 아들을 대속제물로 내어주실 것에 대한 모형이었던 것입니다. 그런데 산 아래서는 무슨 짓들을 하고 있었습니까? 지금 우리는 옛날이야기를 하고 있는 것이 아닙니다. 성경은 오늘도 말씀하십니다.

본문이 오늘의 우리에게 적용이 되는 바가 무엇인가? 주님의 재림이 더딘듯하여 지상에 있는 교회는 어떻게 하고 있는가를 점검하게 합니다. 사도 바울은 성령의 감동으로, "너는 이것을 알라 말세에 고통하는 때가 이르러 사람들이 자기를 사랑하며 돈을 사랑하며…"(딤후 3:1-2), 즉 자기중심적인 신앙이 되어 "돈"이라는 금송아지를 섬기는 그런 날이 올 것이라고 경고합니다. "그때가 이때"가 아닌지 현대교회는 심각하게 고민해야 할 것입니다. 이것이 "하나님의 신실하심과 인간의 배은망덕"입니다.

갈보리 산 위에 십자가 섰으니 주가 고난을 당한 표라

험한 십자가를 내가 사랑함은 주가 보혈을 흘림이라

최후 승리를 얻기까지 주의 십자가 사랑하리

빛난 면류관 받기까지 험한 십자가 붙들겠네. (150장)

출애굽기 34:1-9 분석도표

주제 : 자비롭고 의로우신 하나님의 자기계시

새로운 돌판	**1-4** 1 여호와께서 모세에게 이르시되 〔 너는 돌판 둘을 처음 것과 같이 다듬어 만들라 / 네가 깨뜨린 처음 판에 있던 말을 내가 그 판에 쓰리니 / 시내 산에 올라와 산 꼭대기에서 내게 보이되 〕 2 아침까지 준비하고 아침에 3 아무도 너와 함께 오르지 말며 온 산에 아무도 나타나지 못하게 하고 　양과 소도 산 앞에서 먹지 못하게 하라 4 모세가 돌판 둘을 처음 것과 같이 깎아 만들고 아침에 일찍이 일어나 　그 두 돌판을 손에 들고 여호와의 명령대로 시내 산에 올라가니
용서와 보응	**5-9** 5 여호와께서 구름 가운데에 강림하사 그와 함께 거기 서서 여호와의 이름을 선포하실 새 6 여호와께서 그의 앞으로 지나시며 선포하시되 7 〔 여호와라 여호와라 자비롭고 은혜롭고 노하기를 더디하고 / 인자와 진실이 많은 하나님이라 / 인자를 천대까지 베풀며 악과 과실과 죄를 용서하리라 〕 〔 그러나 벌을 면제하지는 아니하고 / 아버지의 악행을 자손 삼사 대까지 보응하리라 〕 8 모세가 급히 땅에 엎드려 경배하며 9 이르되 주여 내가 주께 은총을 입었거든 원하건대 〔 주는 우리와 동행하옵소서 〕 　이는 목이 뻣뻣한 백성이니이다 우리의 악과 죄를 사하시고 우리를 주의 기업으로 　삼으소서

자비롭고 의로우신 하나님의 자기계시

설교 작성노트

기독교는 계시 종교요 성경은 궁극적으로 하나님의 자기계시다. 그러므로 성경의 계시를 통해서만 하나님을 알 수가 있는 것이다. 하나님은 출애굽기를 통해서 하나님의 자기계시를 몇 번 하셨는데, "나는 스스로 있는 자이니라(3:14), 나는 여호와이니라(6:2)" 하셨다. 그런 중에 본문에서는 "여호와라 여호와라 자비롭고 은혜롭고 노하기를 더디하고 인자와 진실이 많은 하나님이라"(6), 즉 사랑의 하나님이라고 계시하신다.

그런데 하나님의 자기계시는 여기서 멈추는 것이 아니라 "그러나 벌을 면제하지는 아니하고 아버지의 악행을 자손 삼사 대까지 보응하리라"(7), 즉 공의로우신 하나님이라 하신다. 이런 맥락에서 우리가 믿는 하나님은 어떤 하나님이신가를 증언하고자 하는 것이 내용목적이다.

본문의 하나님의 자기계시는 첫 번 돌판이 깨어진 후, 즉 새로운 증거판을 주시는 문맥과 결부되어 주어졌음을 유념해야 한다. "은혜를 베푸시는 하나님이시면서 동시에 보응하시는 하나님"께서 계시하신 것이다. 여기에 적용목적이 있다 하겠다.

강론

질문을 드림으로 말씀을 시작하겠습니다. "하나님"은 한 분인가? "하나님"이라는 이름을 가진 분이 여럿이 있는가 하는 점입니다. 다시 말하면 성도들이 "하나님"이라고 부르는 분과 불신자들이 "하나님"이라고 부르는 분이 같은 하나님인가 하는 질문입니다.

기독교는 명상, 즉 아래서 위로 더듬어 올라가는 그런 종교가 아니라 위로부터 아래로 찾아오시는 계시의 종교입니다. 그러므로 계시하심으로만이 알 수가 있는데 우리에게 주어진 성경은, "나는 이런 하나님이다"하는 하나님의 자기계시입니다.

그러므로 성경을 통하지 않고는 하나님을 알 수가 없고, 성경이 말씀하는 "하나님"은 유일(唯一)하신 하나님이십니다. 그러므로 "하나님"이라고 부른다고 해서 같은 하나님이 아니라 동명이인(同名異人)과 같이 다른 하나님일 수가 있다는 점에 주의해야 하는 것입니다. 그런 하나님은 사람이 자기 뜻과 마음에 맞도록 만든 인조(人造) 하나님이요, 성경이 말씀하는 하나님은 아닌 것입니다.

하나님을 보았다는 사람도 있고, 하나님이 말씀하시는 것을 들었다는 사람들도 많은데 이를 거부해야만 합니다. 왜냐하면 이를 받아드리게 되면 "이런 하나님, 저런 하나님"으로 하나님의 모습이 각기 다르게 되어 언어가 혼잡 됨으로 쌓다가 중단한 바벨탑같이 기독교는 세워질 수가 없기 때문입니다.

이런 맥락에서 하나님을 바로 안다는 것은 중요하고도 어려운 것이요, 그래서 호세아 선지자는 "그러므로 우리가 여호와를 알자 힘써 여호와를 알자"(호 6:3)라고 외치고, 옥중 바울 사도는 밖에 있는 성도들을 위해서 간구하는 중에 최우선적으로, "영광의 아버지께서 지혜와 계시의 영을 너희에게 주사 하나님을 알게"(엡 1:17)해달라고 간구했던 것입니다.

그런데 본문에는 하나님을 바로 알 수 있는 중요한 계시가 있습니다. 하나님은 모세에게, "너는 돌판 둘을 처음 것과 같이 다듬어 만들어 가지고 시내 산에 올라와 산꼭대기에서 내게 보이라, 네가 깨뜨린 처음 판에 있던 말을 내가 그 판에 쓰리니"(1-2) 하십니다. 모세가 명하신 대로 두 돌판을 손에 들고 시내 산에 올라가니 하나님께서 선포하시기를 "여호와라 여호와라 자비롭고 은혜롭고 노하기를 더디 하고 인자와 진실이 많은 하나님이라 인자를 천대까지 베풀며 악과 과실과 죄를 용서하리라"(6-7)하십니다. 그런데 여기서 그치는 것이 아니라, "그러나 벌을 면제하지는 아니하고 아버지의 악행을 자손 삼사 대까지 보응하리라"(7하)하시는 것이 아닌가?

6-7절의 내용을 관찰해보면 "은혜"라는 말과 "보응"이라는 말이 동시에 나타나고 있습니다. 본문의 하나님의 자기 계시를 문맥적으로 보면 어떤 의미가 되는가? 금송아지를 만들어 놓고 "이것이 우리를 애굽에서 인도해 낸 신이라"한 반역죄에 대해 "죄를 용서하나 면죄하지 않고 보응하리라"고 상반되는 것처럼 말씀하시는 문맥인 것입니다.

이 계시는 모세가 "원컨대 주의 영광을 내게 보이소서"(33:18), 즉 하나님을 알게 해달라는 소청에 대한 응답으로 주어진 것입니다. 그러므로 좀 더 구체적으로 상고해보아야만 합니다.

먼저 "여호와라 여호와라"하신 "여호와"라는 호칭(呼稱)의 구속사적인 의미부터 생각해보아야만 합니다. "여호와"라는 이름은 출애굽 당시 모세에게, "나는 여호와이니라"하시면서, "내가 아브라함과 이삭과 야곱에게 전능의 하나님(엘샤다이)으로 나타났으나 나의 이름을 여호 와로는 그들에게 알리지 아니하였다"(6:2-3) 하시면서 계시하신 이름 입니다.

그렇다면 하나님께서 아브라함에게 어떤 문맥에서 "전능의 하나 님"으로 계시하셨는가 하는 점입니다. 아내 사라가 90세나 되어 생산 이 불가능해 보여 하갈을 첩으로 얻어 이스마엘을 낳았을 때 그에게 나타나셔서, "나는 전능한 하나님이라 너는 내 앞에서 행하여 완전하 라"(창 17:1)고 말씀하신 것입니다. 이런 뜻입니다. "너는 하나님의 뜻 을 인간의 방법으로 이루려 하나, 아니다, 나는 전능의 하나님이다".

그렇다면 하나님께서 모세에게는 어떤 문맥에서 "나는 여호와이니 라"(6:2)고 계시하셨는가 하는 점입니다. "너희를 속량하여 너희를 내 백성으로 삼고"(6:6-7)하신 문맥에서입니다. 그러므로 "여호와"는 "속 량하시는 하나님", 즉 구원과 결부된 이름입니다. 그러면 "여호와", 즉 구원의 하나님은 우리를 어떤 방도로 구원하셨는가? 본문에 계시된 하나님의 두 가지 속성(屬性)을 충족하심으로 구원하신다는 말씀인 것 입니다.

㉠ 첫째는 "자비롭고 은혜롭고 노하기를 더디 하고 인자와 진실이 많은 하나님"이라 하십니다. 이는 우리가 믿는 하나님은 사랑의 하나

님이심을 나타냅니다. 우리를 사랑하시기 때문에, "인자를 천대까지 베풀며 악과 과실과 죄를 용서하시고" 구원해주시겠다는 것입니다.

ⓒ 둘째로 "그러나 벌을 면제하지는 아니하리라", 즉 면제하실 수 없는 하나님이라 하십니다. 이는 하나님의 공의(公義)와 결부되는 것으로, 우리가 믿는 하나님은 의로우신 하나님이심을 나타냅니다. 그래서 "아버지의 악행을 자손 삼사 대까지 보응하리라"하시는 것입니다. 요약을 하면 우리가 믿는 하나님은, "사랑의 하나님이시면서 공의의 하나님이시라"는 말씀입니다.

그래서 하나님의 선포 중에, "그러나"하고 뒤집는 말씀이 나오는데 앞부분의 하나님은, "자비롭고 은혜롭고 노하기를 더디 하고 인자와 진실이 많으신"〈사랑의 하나님〉이요, "그러나" 하는 뒤 부분의 하나님은, "벌을 면제하지는 아니하고 보응하리라"하시는 〈공의의 하나님〉이신 것입니다.

"사랑의 하나님"은 우리의 죄를 용서하시기를 원하시나, 〈그러나〉 "눈이 정결하시므로 악을 차마 보지 못하시며 패역을 차마 보지 못하시는"(합 1:13) 의로우신 하나님은, "벌을 면제하지는 아니하고", 즉 죄를 묵과하실 수가 없으신 하나님이시라는 말씀입니다.

이런 두 가지 속성을 지니신 하나님께서 이 난제(難題)를 어떻게 해결하시고 우리를 구원하여주셨는지 형제는 말해줄 수가 있습니까? 이에 정답을 말할 수 있는 성도는 하나님을 아는 사람, 하나님의 사랑, 은혜를 아는 사람이요, 복음이 어떻게 해서 주어졌는지를 아는 사람이라 할 수가 있는 것입니다.

이 난제에 대해 신약성경은, "곧 이 때에 자기의 의로우심을 나타내사 자기도 의로우시며 또한 예수 믿는 자를 의롭다 하려 하심이라"(롬 3:26)고 증언하고 있습니다. "곧 이 때"란, "이 예수를 하나님이 그의 피로써 믿음으로 말미암는 화목제물로 세우셨으니"(롬 3:25)한, 우리 주님께서 십자가에 달리신 때를 가리킵니다. 우리 주님은 힘이 모자라서 십자가에 달리신 것이 아닙니다. "화목제물로 세우셨으니"한, 세우신 이는 하나님이시라고 말씀합니다. 어찌하여 자기 아들을 십자가에 세우셨는가?

㉠ "자기도 의로우시며",
㉡ "또한 예수 믿는 자를 의롭다 하시기" 위해서였습니다.

주님께서 담당하신 십자가에는 "사랑의 하나님, 공의의 하나님"이라는 두 가지 속성을 다 충족시켜드린, 다시 말하면 풀기 어려운 난제에 대한 해답이었던 것입니다. 이제 형제는 우리를 구원하여주신 하나님은 어떤 하나님이신가를 깨닫게 되었습니까?

그러므로 "여호와라 여호와라 자비롭고 은혜롭고 노하기를 더디 하고 인자와 진실이 많은 하나님이라"(6)하신 자기계시는 구원계획을 추진해나가시는 구속사의 전반에 걸쳐서 중심 축(軸)을 이루는 하나님의 자기 계시였던 것입니다.

㉠ 열 명의 족장이 정탐한 땅을 악평함으로 하나님께서 진노하셨을 때도 모세는, "여호와는 노하기를 더디 하시고 인자가 많아 죄악과 허물을 사하시나 형벌 받을 자는 결단코 사하지 아니하시고 아버지의 죄악을 자식에게 갚아 삼사 대까지 이르게 하리라 하셨나이다 구하옵나니 주의 인자의 광대하심을 따라 이 백성의 죄악을 사하시되 애굽에서부터 지금까지 이 백성을 사하신 것 같이 사하시옵소서"(민 14:18-18) 라고 이 말씀을 붙들고 탄원을 했습니다.

㉡ 히스기야 왕이 개혁을 단행할 때 떨어져 나간 북쪽 열 지파에게 한 말도, "너희가 만일 여호와께 돌아오면 너희 형제들과 너희 자녀가 사로잡은 자들에게서 자비를 입어 다시 이 땅으로 돌아오리라 너희 하나님 여호와는 은혜로우시고 자비하신지라 너희가 그에게로 돌아오면 그의 얼굴을 너희에게서 돌이키지 아니하시리라"(대하 30:9)고 증언했고,

㉢ 시편 기자는 찬양하기를 "여호와는 긍휼이 많으시고 은혜로우시며 노하기를 더디 하시고 인자하심이 풍부하시도다 자주 경책하지 아

니하시며 노를 영원히 품지 아니하시리로다"(103:8)하였고,

㉣ 포로에서 귀환한 후 에스라가 참회하는 기도를 드릴 때도, "그러나 주께서는 용서하시는 하나님이시라 은혜로우시며 긍휼히 여기시며 더디 노하시며 인자가 풍부하시므로 그들을 버리지 아니하셨나이다"(느 9:17)고 붙잡고 간구한 말씀이요,

㉤ 심지어 니느웨가 구원 얻는 것을 못마땅하게 여겨 다시스로 도망한 것을 변명을 하는 요나도 "여호와여 내가 고국에 있을 때에 이러하겠다고 말씀하지 아니하였나이까 그러므로 내가 빨리 다시스로 도망하였사오니 주께서는 은혜로우시며 자비로우시며 노하기를 더디하시며 인애가 크시사 뜻을 돌이켜 재앙을 내리지 아니하시는 하나님이신 줄을 내가 알았음이니이다"(욘 4:2)고 진술한 하나님의 중심적인 자기계시인 것입니다.

이처럼 영광스러운 하나님의 자기계시를 접하고 시내 산에서 내려오는 모세에게 어떤 변화가 일어났는가? "모세의 얼굴 피부에 광채가 났다"(30)고 말씀합니다. 이는 무심한 일이 아니라 첫 돌판이 깨진 후, 즉 율법을 행함으로는 의롭다함을 얻을 수 없다는 자력구원의 불가능성이 드러난 후에야 나타난 표징이라는 점을 주목해야만 합니다.

다시 말하면 "자비롭고 은혜롭고 노하기를 더디 하고 인자와 진실이 많은 하나님"이시라는 하나님의 자기계시와 함께 나타난 광채, 즉

"그리스도의 영광의 복음의 광채"(고후 4:4)였던 것입니다.

"나는 이러한 하나님이다" 하시는 하나님의 자기계시를 깨달은 형제의 얼굴에서도 이제 빛이 발하고 있습니까? 주님은 "이같이 너희 빛이 사람 앞에 비치게 하여 그들로 너희 착한 행실을 보고 하늘에 계신 너희 아버지께 영광을 돌리게 하라"(마 5:16)고 말씀하십니다. 이것이 "자비롭고 은혜로우신 하나님의 자기계시"입니다.

온유한 주님의 음성 네 귀에 속삭이네

네 마음 문을 두드리니 곧 주님을 영접하라

피하지 말라 피하지 말라

우리가 곁길로 피해도 맘속에 오시리

심판 날 당할 때 주님을 너 맞을 준비해

맘속에 주님을 영접하라 주 영접하라. (529장)

<h1 align="center">출애굽기 34:23-35 분석도표</h1>
주제 : 광채를 수건으로 가린 구속사적 의미

	23-28
삼대절기	23 너희의 모든 남자는 **매년 세 번씩 주 여호와 이스라엘의 하나님 앞에 보일지라** 24 내가 이방 나라들을 네 앞에서 쫓아내고 네 지경을 넓히리니 　네가 매년 세 번씩 여호와 네 하나님을 뵈려고 올 때에 아무도 네 땅을 탐내지 못하리라 25 너는 내 제물의 피를 유교병과 함께 드리지 말며 유월절 제물을 아침까지 두지 말지며 26 네 토지 소산의 처음 익은 것을 가져다가 네 하나님 여호와의 전에 드릴지며 　너는 염소 새끼를 그 어미의 젖으로 삶지 말지니라 27 여호와께서 모세에게 이르시되 너는 이 말들을 기록하라 내가 이 말들의 뜻대로 　너와 이스라엘과 언약을 세웠음이니라 하시니라 28 **모세가 여호와와 함께** **사십 일 사십 야를 거기 있으면서** 떡도 먹지 아니하였고 　물도 마시지 아니하였으며 **여호와께서는 언약의 말씀 곧 십계명을** **그 판들에 기록하셨더라**

	29-32
광채가 발함	29 **모세가 그 증거의 두 판을 모세의 손에 들고 시내 산에서 내려오니** 　그 산에서 내려올 때에 모세는 자기가 여호와와 말하였음으로 말미암아 　　**얼굴 피부에 광채가 나나 깨닫지 못하였더라** 30 아론과 온 이스라엘 자손이 모세를 볼 때에 모세의 **얼굴 피부에 광채가 남을 보고** 　그에게 가까이 하기를 두려워하더니 31 모세가 그들을 부르매 아론과 회중의 모든 어른이 모세에게로 오고 모세가 그들과 말하니 31 그 후에야 온 이스라엘 자손이 가까이 오는지라 　모세가 여호와께서 시내 산에서 자기에게 이르신 말씀을 다 그들에게 명령하고

	33-35
광채를 가림	33 모세가 그들에게 말하기를 마치고 **수건으로 자기 얼굴을 가렸더라** 34 그러나 모세가 여호와 앞에 들어가서 함께 말할 때에는 나오기까지 　수건을 벗고 있다가 나와서는 그 명령하신 일을 이스라엘 자손에게 전하며 35 이스라엘 자손이 모세의 얼굴의 광채를 보므로 　모세가 여호와께 말하러 들어가기까지 **다시 수건으로 자기 얼굴을 가렸더라**

광채를 수건으로 가린 구속사적 의미

설교 작성노트

본문에서 중심점은, 시내 산에서 내려오는 모세의 얼굴에 광채가 났다는데 있다. 그리하여 백성들이 가까이 하기를 두려워하므로 모세가 "수건으로 얼굴을 가렸다"(33)한다. 어찌하여 광채가 났는가? "여호와와 말하였음으로 말미암아"라고 말씀한다.

모세는 시내 산에 강림하신 하나님의 임재 앞에 2번 올라갔다. 그러면 첫 번째도 광채가 났어야 하지 않는가? 그런데 첫 번째는 광채가 났다는 언급이 전연 없다는 점이다. 광채는 "여호와의 모든 말씀을 우리가 준행하리이다"(24:7)한, 첫 돌판이 깨진 후에야 발했다는 점을 주목하게 된다.

왜냐하면 사도 바울은 모세의 얼굴에 발한 광채를 통해서 복음의 빛을 보고 있기 때문인데 이를 진술하려는 것이 내용목적이다. 그런데 바울은 "우리는 모세가 수건을 그 얼굴에 쓴 것 같이 아니하노라"(고후 3:13) 하면서 "오늘까지도 구약을 읽을 때에 그 수건이 벗겨지지 아니하고 있다", 즉 복음의 빛을 가리는 자들이 있다고 진술하고 있다. 여기에 적용목적이 있는 것이다.

강론

주님은 "모세를 믿었더라면 또 나를 믿었으리니 이는 그가 내게 대하여 기록하였음이라"(요 5:46)고 말씀하십니다. 지금 우리가 상고하고 있는 출애굽기는 모세가 기록한 것입니다. 그리고 그리스도를 증언하기 위한 것이 출애굽기의 중심주제입니다. 그러므로 본문을 통해서도 그리스도를 만나야 하고 복음을 깨달아야 한다는 것은 너무나 당연한 것입니다.

본문에서 주목하게 되는 것은 십계명이 기록이 된 두 판을 손에 들고 시내 산에서 내려오는 모세의 얼굴에 "광채"(光彩)가 발했다(29)는 점입니다. 이 광채는 첫 돌판이 깨진 후 두 번째 돌판을 받아가지고 내려올 때 일어난 사건이라는 점을 유념해야만 합니다. 얼마나 광채가 났으면 "아론과 온 이스라엘 자손이 모세를 볼 때에 모세의 얼굴 피부에 광채가 남을 보고 그에게 가까이 하기를 두려워했다"(30)고 말씀합니다. 이는 예사 일이 아니요, 무의미한 일로 여길 수가 없는 것입니다.

　어찌하여 광채가 났는가? "여호와와 말하였음으로 말미암아"(29)라 합니다. 모세는 시내 산에 강림하신 하나님의 임재 앞에 두 번 올라가 40주야를 하나님과 교제(28)를 나눴습니다. 그러면 첫 번째도 당연히 광채가 났어야 하지 않는가? 그런데 첫 번째는 광채가 났다는 말도, 가까이 하기를 두려워했다는 언급이 전연 없다는 점입니다. 그렇다면 광채는 "여호와의 모든 말씀을 우리가 준행하리이다"(24:7)라는 약속 하에 주어진 첫 돌판이 깨진 후에야 발했다는 것이 되는 것입니다.

　그러면 "우리가 다 준행하리이다" 한 십계명의 돌판이 입에 침이 마르기도 전 그 자리에서 깨졌다는 것은 무엇을 말해주고 있는가? 율법을 행함으로는 하나님 앞에 의롭다함을 얻을 수 없다는 자력구원의 불가능성입니다. 광채는 자력구원의 불가능성이 입증이 된 후에야 발했던 것입니다.

　그러므로 둘째 돌판과 결부해서는 "우리가 다 준행하리이다"라는 재(再)서약이 없습니다. 하나님께서 둘째 돌판을 주시면서 무엇이라 말씀하십니까? 이를 행하면 살리라 하셨습니까? 아닙니다. 한 마디로 요약을 하면 "너희의 모든 남자는 매년 세 번씩 주 여호와 이스라엘의 하나님 앞에 보일지라"(23), 즉 "유월절·오순절·초막절"을 지키라고 말씀하십니다. 그러면 3대 절기가 무엇에 대한 그림자이며 어떻게 성취되었는가를 알고 믿는 사람이라면 이는 의문(儀文)이 아니라 복음을 만나게 되는 것입니다. 다만 수건에 가려져 그림자로 나타났을 뿐입니다.

모세가 "수건으로 자기 얼굴을 가렸더라"(33)에 대한 구속사적인 해설을 고린도후서 3장에서 만날 수가 있는데 사도 바울은 모세의 얼굴에 발한 "광채"를 통해서 복음의 빛을 보았던 것입니다. 과연 바울은 "우리가 만일 미쳤어도 하나님을 위한 것이라"(고후 5:13)고 말한 대로 복음에 미친 전도자였습니다.

그런데 바울은 "광채"만 본 것이 아니라 그 빛을 가린 "수건"도 주목했던 것입니다. 그리하여 "우리는 모세가 이스라엘 자손들에게 장차 없어질 것의 결국을 주목하지 못하게 하려고 수건을 그 얼굴에 쓴 것같이 아니하노라"(고후 3:13)고 단언하고 있는 것입니다. 무슨 뜻인가? 모세가 광채가 발하는 얼굴을 수건으로 가리듯이 복음의 광채를 가리고 있는 설교자들이 있다는 것입니다. 그러나 우리는 "수건을 그 얼굴에 쓴 것 같이 아니하노라"합니다.

"그러나 그들의 마음이 완고하여 오늘까지도 구약을 읽을 때에 그 수건이 벗겨지지 아니하고 있으니 그 수건은 그리스도 안에서 없어질 것이라"(고후 3:14)합니다. 14절과 15절에서 거듭 "오늘까지"라고 강조하고 있는데 "오늘"이 언제를 가리키는가? 주님께서 십자가상에서 "다 이루었다"고 선언하심으로 죄로 말미암아 1500년 동안이나 막혀 있던 휘장을 열어주신 "오늘까지"인 것입니다.

주님은 막혔던 휘장을 벗겨 주셨는데 증인들이라는 사람들은, "오늘까지 모세의 글을 읽을 때에 수건이 그 마음을 덮었도다"(고후 3:14-15)고, 얼굴이 아니라 "마음"을 덮고 있다고 탄식을 합니다. 그리하여 복음의 광채가 비춰지 못하게 하고 있다는 것입니다. 얼마나 답답하고 안타까운 일입니까? 원인이 어디에 있는가? "그들의 마음이 완고하여", 즉 동맥경화와 같이 되었기 때문이라는 것입니다.

그래서 모세의 글, 즉 모세오경을 읽으면서 "율례·교훈·축복·자기계발" 등은 보면서 그리스도는 만나지를 못하고 복음의 빛을 가로막고 있다는 것입니다. 이처럼 수건이 벗어지지 않고 있는 사람들이 누군가? 불신 유대인들만이 아닙니다. 예수를 그리스도로 고백하고 있는 예루살렘교회 안에 있는 "어떤 사람들이 유대로부터 내려와서 형제들을 가르치되 너희가 모세의 법대로 할례를 받지 아니하면 능히 구원을 받지 못하리라"(행 15:1) 한 지도자들이었습니다.

그래서 바울은 "담대히 말하노니"(고후 3:12), 즉 기탄없이 말한다 했던 것입니다. 무엇이라고 담대히 말했는가? "우리나 혹은 하늘로부터 온 천사라도 우리가 너희에게 전한 복음 외에 다른 복음을 전하면 저 주를 받을지어다"(갈 1:8) 했던 것입니다. 얼마나 담대한 말인가?

질문을 드려 보겠습니다. 모세를 위시하여 구약의 성도들은 어떻게 해서 구원을 받을 수가 있었는지 말해줄 수가 있습니까? ㉠ 율법을 행함으로입니까? 성경은 "율법의 행위로 그의 앞에 의롭다 하심을 얻을 육체가 없나니 율법으로는 죄를 깨달음이니라"(롬 3:20)고 말씀합니다. ㉡ 그러면 양으로 속죄제를 드렸기 때문입니까? 성경은 "이는 황소와 염소의 피가 능히 죄를 없이 하지 못함이라"(히 10:4)고 말씀합니다.

그러면 대답은 분명합니다. 하나님의 은혜의 복음을 믿음으로 구원을 얻게 된 것입니다. 이 "은혜의 복음"이 원시복음으로 주어졌다가 "아브라함·이삭·야곱"에게 세워주신 메시아언약으로 전진을 한 것입니다. 그리고 우리가 지금 상고하고 있는 제사제도라는 그림자로 주어졌던 것입니다. 그러다가 다윗에게 세워주신 메시아언약으로 이어져 내려온 것입니다.

그러므로 명심할 점은 구약시대에도 복음은 있었다는 점입니다. 다만 "의문"(儀文)이라는 수건에 가려 있었을 뿐입니다. 가려 있었던 복음이 "이 비밀은 만세와 만대로부터 감추어졌던 것인데 이제는 그의 성도들에게 나타났다"(골 1:26)고 말씀합니다. 그런데 "오늘까지 모세의 글을 읽을 때에 수건이 그 마음을 덮었도다"(고후 3:15)고 탄식을 하는 것입니다.

그렇다면 그로부터 2000년이 지난 "오늘"에는 수건이 마음을 덮고 있는 설교자는 없는가고 묻게 됩니다. 주님께서 "이 성경이 곧 내게 대하여 증언하는 것이니라"한 구약성경과, "모세를 믿었더라면 또 나를 믿었으리니 이는 그가 내게 대하여 기록하였음이라"(요 5:39, 46)하신 모세오경을 설교하면서도 "교훈·윤리·축복·자기 계발"과 같은 것은 보면서 그리스도를 만나지 못한다면 그는 변명의 여지가 없는 수건이 마음을 덮고 있는 자요, 복음의 광채를 가리고 있는 설교자인 것입니다.

모세의 얼굴에 발한 광채는 없어질 광채였습니다. 왜냐하면 이는 그림자로 주어진 것이기 때문입니다. 그러나 형제에게 증언하라고 맡겨진 복음의 광채는 영원히 없어지지 아니할 영광의 광채인 것입니다. 이점을 사도는 증언하기를 "돌에 써서 새긴 죽게 하는 율법 조문의 직분도 영광이 있어 이스라엘 자손들은 모세의 얼굴의 없어질 영광 때문에도 그 얼굴을 주목하지 못하였거든 하물며 영의 직분은 더욱 영광이 있지 아니하겠느냐 정죄의 직분도 영광이 있은즉 의의 직분은 영광이 더욱 넘치리라"(고후 3:7-9)합니다.

그런데 "새 언약의 일꾼 되기에 만족하게 하신"(고후 3:6) 그리스도의 증인들이 설교를 통해서 복음의 빛을 가리고 있다면 얼마나 통탄스런 일입니까? 이것이 "광채를 수건으로 가린 구속사적 의미"입니다.

온 세상이 캄캄하여서 참 빛이 없었더니
그 빛나는 영광 나타나 온 세상 비치었네
영광 영광의 주 영광 영광의 주
밝은 그 빛 내게 비추었네
영광 영광의 주 영광 영광의 주
이 세상의 빛은 오직 주 예수라. (84장)

출애굽기 40:17-38 분석도표

주제 : 여호와의 영광이 충만한 성막

17-33

성막이 세워지다

17 둘째 해 첫째 달 곧 그 달 초하루에　　성막을 세우니라

18 모세가 성막을 세우되 그 받침들을 놓고 그 널판들을 세우고 그 띠를 띠우고 그 기둥들을 세우고

19 또 성막 위에 막을 펴고 그 위에 덮개를 덮으니　여호와께서 모세에게 명령하신 대로 되니라

20 그는 또　　증거판을 궤 속에 넣고 채를 궤에 꿰고

속죄소를 궤 위에 두고

21 또　　그 궤를 성막에 들여놓고 가리개

휘장을 늘어뜨려 그 증거궤를 가리니

여호와께서 모세에게 명령하신 대로 되니라

22 그는 또 회막 안 곧 성막 북쪽으로 휘장 밖에 **상을 놓고**

23 또 여호와 앞 그 상 위에 **떡을 진설하니**　여호와께서 모세에게 명령하신 대로 되니라

24 그는 또 회막 안 곧 성막 남쪽에　**등잔대를 놓아** 상과 마주하게 하고

25 또 여호와 앞에 **등잔대에 불을 켜니**　여호와께서 모세에게 명령하신 대로 되니라

26 그가 또　　금 향단을 회막 안 휘장 앞에 두고

27 그 위에 **향기로운 향을 사르니**　여호와께서 모세에게 명령하신 대로 되니라

28 그는 또 **성막 문에 휘장을 달고**

29 또 회막의 성막 문 앞에　　번제단을 두고 번제와 소제를 그 위에 드리니

여호와께서 모세에게 명령하신 대로 되니라

30 그는 또 **물두멍을** 회막과 제단 사이에 두고 거기 **씻을** 물을 담으니라

31 모세와 아론과 그 아들들이 거기서 수족을 씻되

32 그들이 회막에 들어갈 때와　　제단에 가까이 갈 때에 **씻었으니**

여호와께서 모세에게 명령하신 대로 되니라

33 그는 또　　성막과 제단 주위 뜰에 **포장을 치고**

뜰 문에 **휘장을** 다니라

모세가 이같이 역사를 마치니

34-38

영광이 충만하다

34 구름이 회막에 덮이고 여호와의 영광이 성막에 충만하매

35 모세가 회막에 들어갈 수 없었으니　　이는 구름이 회막 위에 덮이고

여호와의 영광이 성막에 충만함이었으며

36 구름이 성막 위에서 떠오를 때에는 이스라엘 자손이 그 모든 행진하는 길에 앞으로 나아갔고

37 구름이 떠오르지 않을 때에는　떠오르는 날까지 나아가지 아니하였으며

38 낮에는 여호와의 구름이 성막 위에 있고 밤에는 불이 그 구름 가운데에 있음을 이스라엘의 온 족속이 그 모든 행진하는 길에서 그들의 눈으로 보았더라

여호와의 영광이 충만한 성막

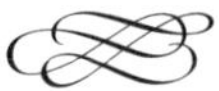

설교 작성노트

40장은 성막을 세우는 내용이다. 39장은 모세가 여러 사람이 분담해서 제작한 기구들을 "그 마친 모든 것을 본즉", 즉 점검하니 "여호와께서 명령하신 대로 되었으므로 모세가 그들에게 축복하였더라"(39:43)고 마치고 있는데, 40장에서는 "모세가 이같이 역사를 마치니"(33)하고, 성막을 완성하는 것이다.

각기 분담해서 제작한 성막의 기구들을 조립을 해서 성막 세우기를 완성하니 "구름이 회막에 덮이고 여호와의 영광이 성막에 충만하매 모세가 회막에 들어갈 수 없었다"(34-35)고 말씀한다. 이에 대한 구속사적인 의미가 무엇인가를 증언하려는 것이 내용목적이다.

그리고 주목하고 명심해야 할 점이 있는데 "여호와께서 모세에게 명령하신 대로 되니라"한 언급이 39장에 10번, 40장에 8번이나 강조되고 있다는 점이다. 만일 명하신 대로 하지 않았다면 어떻게 되었을 것인가? 그래도 "축복"하고, "영광이 충만"했겠는가? 여기에 적용목적이 있는 것이다.

강론

40장은 여호와께서 모세에게, "너는 첫째 달 초하루에 성막 곧 회막을 세우라"(1-2)는 명령으로 시작이 됩니다. "첫째 달 초하루"에 성막을 세우라고 명하시는 하나님은 출애굽하던 날에도, "이 달을 너희에게 달의 시작 곧 해의 첫 달이 되게 하라"(12:2)고 명하셨습니다. 그때로부터 성막을 세우기까지가 1년이 지난 것입니다.

모세는 "여호와께서 너희에게 명령하사 행하게 하신 말씀이 이러하니라"(35:1)고 하나님께 받은 성막 식양을 전해주었는데, 그 내용이 35장-38장까지요, 백성들은 받은바 지혜와 은사대로 분담해서 "명하신 식양대로" 제작을 했던 것입니다.

39장은 "모세가 그 마친 모든 것을 본즉 여호와께서 명령하신 대로 되었으므로 모세가 그들에게 축복하였더라"(43)고 마치고 있습니다. 39장에는, "명령하신 대로 하였더라"는 언급이 10번이나 강조되어 있는데, "명하신 대로"행하지 않았어도, "축복"을 했겠습니까? 주님 당시의 지도자들이 어찌하여 "화 있을진저 외식하는 서기관들과 바리새인들이여"(마 23:13)라는 책망을 받아야만 했는가? 한 마디로 하나님께서 "명하신 대로" 행하지를 않았기 때문입니다.

드디어 40장에서는 "모세가 이같이 역사를 마쳤다"(33), 즉 성막 세우는 일을 완성했다고 말씀합니다. 그런데 40장에도 "여호와께서 모세에게 명령하신 대로 되니라"는 언급이 8번이나 강조되고 있다는 점입니다. 그러자 "구름이 회막에 덮이고 여호와의 영광이 성막에 충만하매"(34) 합니다. 명하신 대로 성막을 세우지 않았어도 "여호와의 영광이 성막에 충만"했겠습니까?

하나님은 성막 양식을 모세에게만 지시하신 것이 아니었습니다. 다윗은 솔로몬에게, "여호와의 손이 내게 임하여 이 모든 일의 설계(設計)를 그려 나에게 알려 주셨느니라"(대상 28:19)고 증언하면서 그 설계도를 솔로몬에게 전해주었던 것입니다. 그 후에 솔로몬이 성전을 그 설계도대로 준공하고 봉헌 기도를 드리자, "불이 하늘에서부터 내려와서 그 번제물과 제물들을 사르고 여호와의 영광이 그 성전에 가득하니"(대하 7:1)합니다.

얼마나 충만했으면 "모세가 회막에 들어갈 수 없었고(35), 여호와의 영광이 여호와의 전에 가득하므로 제사장들이 여호와의 전으로 능히 들어가지 못하였다"(대하 7:2)고 말씀하겠습니까?

이점에서 25:8절 말씀을 상기할 필요가 있습니다. "내가 그들 중에 거할 성소"라고 말씀했는데 "여호와의 영광이 성막에 충만했다"는 것은 여호와께서 성막 또는 성전에 임재(臨在)하심을 나타냅니다. 그리고 이는 "말씀이 육신이 되어 우리 가운데 거하시매(인간의 장막 같은 몸을 입고 오시매) 우리가 그의 영광을 보니 아버지의 독생자의 영광이요 은혜와 진리가 충만하더라"(요 1:14)할 임마누엘에 대한 모형이었던 것입니다.

성경은 "옛적에 선지자들을 통하여 여러 부분과 여러 모양으로 우리 조상들에게 말씀하신 하나님이 이 모든 날 마지막에는 아들을 통하여 우리에게 말씀하셨다"(히 1:1)고 증언하고 있습니다. 무슨 뜻이냐 하면 하나님께서는 그리스도를 보내시기 전에 "언약·모형·예표·그림자, 예언" 들을 통해서 믿을 만한 증거를 충분할 만큼 계시하신 후에 마지막에 아들을 성취자로 보내주셨다는 뜻입니다. 그러므로 그리스도의 증인들은 이를 바로 증언해야만 하고, 그래도 예수를 믿지 않는다면 이는 믿을만한 증거가 부족해서가 아닌 것입니다. 그러므로 심판 날에 "모든 입을 막고"(롬 3:19), 즉 유구무언이 된다는 것입니다.

이점에서 주목하고 명심해야 할 점이 있는데 "모세가 회막에 들어갈 수 없었다(출 40:35). 제사장이 능히 그 전에 들어가지 못하였다"(대하

7:2)는 말씀입니다. 들어 갈 수가 없었던 것은 마치 불이 집에 가득하기 때문에 소방대원이 들어갈 수가 없음과 같이 여호와의 영광이 성막(성전)에 충만했기 때문입니다. 그렇다면 모세·솔로몬·제사장들은 분명 밖에 있었다는 말이 됩니다. 바로 여기에 구약과 신약, 그림자와 참 것의 다른 점이 있는 것입니다.

보십시오. 오순절에 임하신 성령은 다락방에 충만하고 120명 성도들은 밖에 있었던 것이 아닙니다. "마치 불의 혀처럼 갈라지는 것들이 그들에게 보여 각 사람 위에 하나씩 임하여 있더니 그들이 다 성령의 충만함을 받고 성령이 말하게 하심을 따라 다른 언어들로 말하기를 시작하니라"(행 2:3-4)고, 성도들 위에 임하였던 것입니다. 주님은 성령께서, "너희와 함께 거하심이요 또 너희 속에 계시겠음이라"(요 14:17)고 말씀하십니다. 이것이 어떻게 가능해졌는가? 그리스도의 구속으로 말미암아 "너희 몸은 너희가 하나님께로부터 받은바 너희 가운데 계신 성령의 전인 줄을 알지 못하느냐"(고전 6:19)한 "구속"으로 말미암아 가능해진 것입니다.

그러므로 성막계시는 "임마누엘"이 끝이 아니라 "인자가 온 것은 자기 목숨을 많은 사람의 대속물로 주려 함이니라"(마 20:28)하신 "십자가"까지 나아가고 있는 것입니다. 이점이 성막의 기구들인 "번제단·물두멍·속죄소" 등에 분명히 계시되고 있는 것입니다.

　이상의 말씀이 오늘의 우리들에게는 어떻게 적용이 되는가 하는 점입니다. 첫째는 주님의 몸이라 하신 교회를 "명하신 대로" 섬겨야한다는 점입니다. 그러면 우리에게 주어진 "설계도"는 무엇인가 하고 묻게 되는데, 우리에게는 설계도가 성경으로 주어진 것입니다. 그래서 사도 바울은 디모데에게 "이것을 네게 쓰는 것은, 너로 하여금 하나님의 집에서 어떻게 행하여야 할지를 알게 하려 함이니 이 집은 살아 계신 하나님의 교회요 진리의 기둥과 터니라"(딤전 3:14-15)고 경고했던 것입니다.

　둘째로 성막 기구(器具)들인 "번제단·물두멍·속죄소" 등, 즉 복음을 보수해야 한다는 점입니다. 유다 12대 왕인 아하스는 앗수르 왕을 만나러 다메섹에 갔다가 우상에게 제사하는 거대한 단을 보고 그 제단의 모든 구조와 양식을 그려 제사장 우리야에게 보냈습니다. 그런데 대제사장 우리야는, "아하스 왕이 다메섹에서 보낸 대로 제단을 만들었고," 왕은 그 단에서 제사를 했던 것입니다.

　또한 명하신 대로 제작한 단을 "옮기고, 물두멍 받침의 옆판을 떼내고, 물두멍을 그 자리에서 옮기고"(왕하 16:14, 17)등 양식을 변개(變改)시켰다고 성경은 고발하고 있습니다. 그런 단에서 드려지는 번제, 즉 예배를 하나님께서 받으시겠습니까?

　이를 경계삼아 우리는 "명하신 대로, 성경에 기록된 대로" 이를 변경시키지 말고 보수해야 하는 것입니다. 바울 사도는 "다른 복음은 없나니 다만 어떤 사람들이 너희를 교란하여 그리스도의 복음을 변하게 하려 함이라"(갈 1:7)고 엄하게 경고합니다.

셋째는 예수 그리스도의 구속으로 말미암아 "너희 몸은 너희가 하나님께로부터 받은바 너희 가운데 계신 성령의 전인 줄을 알지 못하느냐"(고전 6:19)한, 그리스도인이라는 정체성을 망각하지 말아야만 한다는 점입니다. 이를 망각하고 세속화되는 것이 복음을 변개하는 것과 같은 것입니다. 그래서 "성도는 불신자의 성경이라"고 말하는 것입니다.

모형인 성막에 충만한 영광이 임마누엘로 성취가 되었고 그리스도의 구속으로 말미암아 교회로 적용이 되었다면, 하나님의 명하신대로 섬기는 교회가 얼마나 영광스런 교회(엡 5:27)가 될 것입니까? 성도들이 얼마나 성령이 충만한 성도들이 될 것입니까? 이것이 "여호와의 영광이 충만한 성막"입니다.

찬송으로 보답할 수 없는 큰 사랑 주님께 영광 할렐루야

형제 자매 모두 함께 모여 찬송해 주님께 영광 할렐루야

하나님의 자녀여 크게 찬송 부르며

밝고 거룩한 길로 기쁨으로 나아가

주의 보좌 앞으로 속히 들어가겠네

주님께 영광 할렐루야. (40장)